안셀름 그륀의
크리스마스 에세이

당신에게 은총이 내리는 동안

Anselm Grün, Ein Weihnachtsengel strahlt für dich. Freude für die Adventszeit edited by Anton Lichtenauer

© 2023 Verlag Herder GmbH, Freiburg im Breisgau All rights reserved.

Korean Translation Copyright ©2024 by PCK Books Publishing House, the Presbyterian Church of Korea

This Korean Edition was published by arrangement with Verlag Herder GmbH, Freiburg im Breisgau through BRUECKE Agency.

이 책의 한국어판 저작권은 브뤼케 에이전시를 통해 Verlag Herder GmbH와 독점 계약한 한국장로교출판사에 있습니다. 저작권법에 의해 한국 내에서 보호를 받는 저작물이므로 무단 전재와 무단 복제를 금합니다.

안셀름 그륀의
크리스마스 에세이

당신에게 은총이 내리는 동안

안셀름 그륀 저 · 김만종 역

르빔 Rebibim

일러두기

· 모든 각주는 '역자주'입니다.

· 모든 성경은 '개역개정' 번역본이며, 그 외에는 표기했습니다.

· 곡 제목은 〈 〉로, 책 제목은 『 』로, 시 제목은 「 」로 표시했습니다.

저자 서문

시인 라이너 마리아 릴케(1875-1926)는 1925년 성탄절을 앞두고 어머니에게 편지를 씁니다. 그 편지에서 그는 어린 시절의 성탄 전야를 떠올리지요. 선물을 받기 직전의 벅찬 기대감과 함께 아버지가 울렸던 축제의 작은 종소리를 기억합니다.

"제 인생의 모든 기쁨의 순간마다 이 종소리가 들리는 것 같았어요. 언제라도 그 소리를 들을 때면 성탄절을 생각하게 되는 것처럼 말이에요. 이런 충만함, 그 반짝이던 성탄 트리 아래서 심장 소리가 목구멍까지 차오르는 순간에 찾아왔던 그 충만함은, 이후 살아가는 동안 제게 모든 선물의 기준이 되었어요."

릴케는 성탄절의 전통과 그 아름다운 추억, 그리고 기쁨에 대해 말합니다. 그것은 릴케만의 이야기가 아닙니다. 우리는 저마다 성탄절에 대한 반짝이는 기억과 이미지를 간직하고 있습니다. 그 안에는 어릴 적 경험한 성탄 축제가 얼마나 강렬하게 남아 있는지도 잘 알고 있습니다. 그때 느꼈던 기쁨은 지금까지도 남아 있지요. 그 기쁨은 여전히 우리 마음과 영혼의 깊은 곳까지 감동시킵니다. 그러한 기억들은 신비로 가득 싸인 채 지금까지 간직되고 있습니다.

저도 어린 시절에 아기 예수와 선물을 어떻게 기다렸는지 분명히 기억합니다. 그때까지 경험하지 못한 두근거림이 있었지요. 우리는 아버지와 함께 어두운 거리로 산책을 나갔고, 집집마다 반짝이는 빛이 보였습니다. 다시 집으로 돌아온 뒤에는 성탄의 종이 울릴 때까지 침실에서 기다려야 했습니다. 마침내 종이 울리면 촛불로만 밝혀 놓은 거실로 가서 성탄 트리를 감상했는데, 그건 정말 놀랍고도 신비한 경험이었습니다. 아버지는 성탄 본문이 있는 복음서를 읽으셨고, 우리는 <고요한 밤 거룩한 밤>을 불렀습니다. 노래하던 중에 성탄 선물이 놓인 테이블을 힐끗힐끗 쳐다보기도 했지요. 저 예쁜 포장지 안에 무엇이 들어 있을지 궁금해 하면서 말입니다. 이런 어린 시절의 경험은 우리 영혼에 깊이 새겨져 있습니다. 이러한 옛 감정이 다시 불러일으켜질 때마다 고향집에 돌아온 것 같은 기분이 듭니다.

성탄절을 향한 기다림은 릴케가 말한 충만함이나 모든 종류의 간절한 기다림과 맥을 같이합니다. 어떤 사람이나 사건이 우리에게 다가올 때 우리 삶이 더욱 밝아지고 치유되기 마련이라는 점에서 말이지요. 이런 뿌리 깊은 기억과 경험들은 우리가 다른 어떤 절기보다도 성탄절을 매번 새롭게 고대하고 기뻐하는 이유입니다. 이것은 감상적이거나 낭만적인 감정 그 이상의 것입니다. <Alle Jahre wieder : 해마다 다시>라는 성탄 캐럴은 특히 아이들이 좋아하는 노래입니다. 우리는 해마다 어김없이 성탄절을 즐깁니다. 어른들도 동심으로 돌아가 가득한 기대감과 즐거움으로 참여합니다. 물론 우리 어른들은 이제 이 축제가 무엇을 의미하는지 더 많이 알고 있습니다. 하지만 그렇다고 해서 성탄절의 신비가 모두 다 사라진 것은 아닙니다. 새로운 감정은 매해 다시 생겨납니다. 성탄절은 우리 안의 깊은 갈망을 자극하기 때문에 우리는 여전히 그 신비와 연결될 수밖에 없고, 그 신비가 지금 내 삶에 어떤 의미를 주는지 더욱 분명히 알고 싶어 합니다. 어린 시절의 축제를 기억하는 동시에 그저 똑같이 반복하기에 그칠 수는 없다는 것을 알고 있기 때문입니다.

이제 우리는 성인이고, 우리에게 닥친 현실적인 문제들을 직면하고 있지요. 오늘날 우리는 공격적이고 불확실하며 자기 방어적이고 하나님이 안 계신 듯한 세상과 마주하고 있습니다. 이러한 세상에서 성탄절이란 상당히 비현실적인 것처럼 보이기도 합니다. 그럼에도 우리 영혼에는 세상이 그렇게 제멋대로 방치되어 있지는 않을 거라는 지속적인 믿음이 자리잡고 있습니다. 이는 성탄절에 기념하는 것과 깊은 연관이 있습니다. 바로 하나님이 스스로 이 세상에 오셨다는 사실 말입니다. 하나님은 결코 이 세상을 고통과 갈등과 절망 속에 방치해 두지 않으십니다. 하나님은 사람이 좀 더 살 만한 세상을 만들기 위해, 어두운 세상에 빛을 밝히기 위해, 차가움을 몰아내기 위해, 그리고 사랑에 닫힌 마음을 열기 위해 스스로 인간이 되어 세상에 오셨습니다.

베들레헴 마구간에서 이루어진 예수의 탄생은 모든 사람 안에서 더 인간적인 세상, 미움보다 사랑이 더 강한 세상, 빛이 어둠을 밝히는 세상을 갈망하게 합니다. 예수의 탄생은 모든 것이 옛것 그대로 있지 않고 하나님이 새로운 방법으로 이 세상에서 일하신다는 약속이자, 예수 그리스도 안에서 영원히 끊을 수 없는 사랑을 통해 이 세상이 새로워질 것이라는 약속입니다.

이 책은 그런 오래된 신비를 중심으로 전개됩니다. 모든 이야기는 당신에게 새로운 신비를 열어 줄 것입니다. 그 모든 것은 당신이 성탄절을 새롭게 기념하는 데 도움이 될 통찰을 줄 것입니다. 축제를 기념한다는 것은 그 축제가 본래 추구하는 가치를 삶으로 살아낼 때 의미가 있습니다. 그렇다면 성탄절은 어떻게 우리가 더 좋은 삶을, 더 깨어서, 더 기쁘게 살도록 도와줄 수 있을까요? 성탄절은 어떻게 우리를 우리 인생과 신앙의 뿌리에 연결시켜 줄 수 있을까요?

새로운 삶은 항상 오래된 뿌리로부터 피어나기 마련이지요. 성탄절에는 하나님이 이사야 선지자를 통해 우리에게 약속하신 말씀이 이루어집니다.

"오직 여호와를 앙망하는 자는 새 힘을 얻으리니 독수리가 날개치며 올라감 같을 것이요 달음박질하여도 곤비하지 아니하겠고 걸어가도 피곤하지 아니하리로다"(이사야 40:31).

이런 의미에서 성탄절은 진정 기쁨과 약속의 축제입니다. 우리 모두가 앙망하는 새로운 시작을 약속하는 축제입니다. 대림과 성탄의 이야기는 새로운 시작에 대한 갈망과 약속을 들려줍니다. 그래서 교황 레오 1세(400년경-461년)는 한 성탄절 설교에서 이렇게 말했습니다.

"우리가 우리 구주의 오심을 경외함으로 기념할 때, 우리는 우리 자신의 시작을 축하하고 있다는 것을 알게 될 것입니다."

하나님은 한 아기로 우리의 현실에 들어오셔서 우리와 함께 새롭게 시작하십니다. 우리는 이러한 성탄절 이야기 속에서 근본적으로 우리가 누구인지, 우리는 어디로부터 왔는지, 우리의 삶은 어떠해야 하는지, 무엇이 우리를 위협하고 무엇이 우리를 치유하는지, 무엇이 우리를 화나게 하고 무엇이 자신의 존재에게 신뢰를 주는지 묵상할 수 있습니다.

새로운 해를 시작하면서 우리 삶이 새로워지고 더 나아지길 바란다면, 성탄의 여러 의미를 통해 삶의 근원을 바라보면 좋겠습니다. 이러한 오랜 이야기를 탐구하다 보면 삶의 깊이가 더해집니다. 성탄의 상징적 이미지들은 지금 내 삶을 새로운 눈으로 바라볼 수 있게 해 주기도 하고요. 하나님이 우리의 시간과 몸과 영혼에 함께하실 때, 우리는 하나님이 우리 안에 창조해 두신 '새로운 시작'을 날마다 기념할 수 있습니다.

바로 이것이 성탄절이 기쁨이 되는 가장 큰 이유입니다. 수많은 캐럴에서 노래하고 기념하는 바로 그 기쁨 말입니다. 대림절은 이 기쁨을 향한 강렬한 기대를 품고 있습니다.

차 례

저자 서문 _ 5

I.

기다림과
기쁨

고요한 시간 _ 19

우리가 있는 여기에 '도착하시다' _ 22

무엇이 우리의 심장을 뛰게 하는가 _ 25

깨어 있을 때 _ 27

당신의 마음을 열어요 _ 29

선물 스트레스 _ 31

무엇에 갈증을 느끼고 있나요 _ 33

선물을 절제한다는 것 _ 35

별의 상징 _ 37

만나기 위해, 마음을 열 것 _ 39

포기, 그 이상 _ 41

자물쇠와 빗장을 푸시오! _ 43

이슬아 내려라, 하늘로부터! _ 45

사막이 푸르게 되고 _ 48

겨울에도 꽃은 피어나고 _ 51

너희는 위로하라 너희는 위로하라 _ 54

사랑의 사람 _ 57

화환이 상징하는 것 _ 59

부드러운 빛 _ 61

II.
기쁨, 축복, 은혜가 내리는 시간

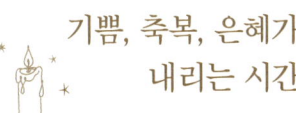

기쁨의 성탄 _ 67
팀파니와 트럼펫 _ 69
깨어라, 기뻐하라 _ 71
지금 노래하라 그리고 기뻐하라 _ 73
높은 하늘로부터 _ 75
고요한 밤, 거룩한 밤 _ 77
밤을 몰아내는 태양 _ 80
어두운 밤의 새벽별 _ 83
화이트 크리스마스 _ 86

차가운 겨울 한가운데서 _ 88
이전에 그랬던 것처럼 _ 90
어떻게 성탄을 맛보는가 _ 92
성탄 트리의 약속 _ 95
가족 축제 _ 99
슬픔이 기쁨과 섞인다면 _ 102
더 아름답고 더 찬란하게 _ 104

III.

기쁨의 메시지

신성의 놀라움 _ 109

인간다움이 나타나다 _ 111

곧은 것과 굽은 것 _ 113

네 번의 꿈 _ 117

꿈은 현실이 되고 _ 120

하나님의 치유가 내 가까이에 _ 124

사람의 몸이 되셨다는 것은 _ 126

성탄절의 신비 _ 128

마구간 _ 133

나는 여기 당신의 구유 앞에 서 있네 _ 136

우리 중 하나 _ 139

소와 나귀 _ 141

구유 신앙 _ 145

여관의 자리 _ 148

목자의 시선 _ 151

목자들의 음악 _ 155

크리스마스 천사 _ 157

천사들이 전하는 소식 _ 161

땅 위의 평화 _ 163

너의 어두운 밤에도 내가 너와 함께 있어 _ 166

Ⅳ.
새로움이라는 기적

고요 속에서 탄생하다 _ 173

마음속에서 태어나시는 하나님 _ 175

탄생의 축제 _ 177

새롭고 연약한 생명 _ 179

새로움이라는 기적 _ 181

하나님이 어린아이로 오시다 _ 183

기쁨의 새 출발 _ 185

내면의 아이 _ 187

사람이 되시다 _ 190

내면으로 가는 길 _ 192

새로운 일이 일어나다 _ 194

새로운 것은 이미 여기에 _ 196

마법처럼 삶을 바꾸는 사랑 _ 199

역자 후기 _ 202

1부 기다림과 기쁨

고요한 시간

※

'고요한 시간'(die stille Zeit)이라 불리는 대림절이 되었습니다.
하지만 많은 사람이 분주하고 소란스러워 보입니다.
사람들은 대부분 상점으로 몰려갑니다.
그러나 그렇게 서두르다 보면 자신을 돌보기 어렵습니다.
영혼은 쉴 수가 없습니다.

'고요한'이라는 독일어 'still'은 '서 있다, 움직임 없이 서다'에서 유래되었습니다.
서 있기 위해서는 먼저 멈추어야 하는 법입니다.
이리저리 뛰어다니는 일을 멈추고, 분주한 마음을 멈추어야 합니다.

그렇게 멈추어 서서 자기 자신 옆에 고요히 머물러 보세요.
우리가 고요해질 때, 우리의 불안은 밖으로 표출되기를 멈추고 우리 안에서 진지하게 성찰됩니다.

그렇게 불안을 이기는 사람은 평안에 이르게 됩니다.

'고요'(still)는 '수유'(stillen)와도 연결되는 단어입니다.

배가 고파서 우는 아이에게 엄마는 젖을 먹여 진정시킵니다.

우리에게도 아기처럼 울부짖는 내면의 영혼이 있습니다.

우리는 이러한 우리 영혼을 진정시켜야 합니다.

아기에게 젖을 주어 평안으로 이끄는 엄마처럼 우리도 우리 마음을 돌보아야 합니다.

로스링엔[*]에서는 이런 캐럴[**]을 부릅니다.

"고요하라, 고요하라, 고요하라, 하나님을 알고자 하는 자는."

성탄의 축제를 앞둔 이 시간, 침묵 속에서 하나님을 향하는 고요한 시간을 누려 보면 어떨까요.

---

[*] 프랑스 북동쪽의 작은 마을
[**] <Still, wer Gott erkennen will>, 로스링엔 지역의 캐럴

대림절은 분주했던 우리 마음을 돌아보고 내면의 갈증을 해소할 수 있는 시간입니다.

그렇게 고요함을 누릴 수 있게 된 사람은 모든 절망, 좌절, 의미 없는 분주함을 넘어설 수 있을 뿐만 아니라, 깊은 내적 기쁨도 얻을 것입니다.

우리가 있는 여기에 '도착하시다'

※

독일어 'Abenteuer'(모험)라는 단어는 'advenire'(라틴어. 출현하다), 'Advent'(대림), 'Ankunft'(도착) 등의 단어에서 유래했습니다.

'대림절'에는 '도착'이라는 의미가 담겨 있습니다.
사람들은 자주 서두르며 이렇게 한탄하곤 하지요.
"나는 더 멀리 가고 싶어. 닿을 수만이라도 있다면!"

우리 대부분은 우리가 있어야 할 자리에 없습니다.
영혼과 너무 멀리 떨어진 곳에 있는 거지요.
대림절은 우리 영혼이 비로소 우리를 따라잡게 할 수 있는 기회입니다.
영혼과 함께 목적지에 도착한 사람만이 새로운 세계에 마음을 열 수 있습니다.

하나님이 우리에게 오시는 일은 곧 우리에게 '모험'이 시작된다는 말이기도 합니다.

우리가 당연하게 생각해 오던 일상적인 견고함, 안전하다고 여긴 것, 자연스럽던 결과는 무너지게 될 테니까요.

그러나 사실 우리 대부분에게는 하나님에 대한 이미지가 너무 딱딱하게 굳어 있어서, 우리에게 찾아오시는 하나님을 알아채지 못합니다.

우리는 무언가 특별하고 좋은 것을 기다리느라, 우리에게 도움을 요청하거나 웃음을 주거나 하는 사람들을 만나는 이 일상적인 삶 속으로 하나님이 찾아오셨다는 것은 깨닫지 못합니다.

우리가 이러한 사실에 마음을 연다면, 모든 사람과의 만남이 하나님이 우리가 있는 여기에 '도착'하시는 아주 특별한 사건이 됩니다.

그렇게 대림절을 지나며 우리는 '하나님은 매 순간 우리에게 오신다'는 사실을 다시금 기억하게 됩니다.

그분은 고요한 중에 오셔서 우리의 마음 문을 두드리십니다.

그분은 우리 마음에 들어오기를 원하십니다.

물론 우리가 너무 분주해서 그분의 노크를 듣지 못할 수도 있지만요.

만약 당신이 내면을 살피며 고요함 가운데 머무른다면, 당신은 그분의 음성을 듣고 그분을 당신 안으로 맞이할 수 있을 것입니다.

그분이 당신의 마음에 들어오시면, 당신은 소외감과 내적 상처로부터 회복되고 자유로워집니다.

그때 당신은 새로운 방식으로 자신을 찾게 되고, 자신이 누구인지 다시 알게 됩니다.

이제 당신은 당신이 바라던 목적지에 도착했습니다.

당신은 당신의 기쁨의 근원에 이르렀습니다.

무엇이 우리의 심장을 뛰게 하는가

※

무언가를 기다리는 사람은 그 시간이 지루하지 않습니다.
기다리던 일이 앞에 있을 때 우리는 희망에 차서 신나게 그 목표로 나아갑니다.

성탄절을 앞두고 우리가 기다리는 것은 축제입니다.
우리의 인간다워짐을 위한 축제이고, 나의 나 됨에 대한 축제이며, 하나님과 하나 됨에 대한 축제입니다.
그러나 우리만 기다리는 것이 아닙니다.
하나님도 우리를 기다리고 계십니다.
하나님은 우리가 생명과 사랑에 마음 열기를 기다리십니다.

'기다림'(Warten)은 '망루'(Warte) 위에서 사는 것을 의미합니다.
'망루'는 멀리 바라보는 곳으로, 항상 깨어 있어야 하는 곳입니다.
기다리는 일이란, 누군가가 오는지 바라보는 것입니다.

자신에게 다가오는 모든 것을 살피는 것입니다.

독일어 '기다림'에는 마치 사람을 돌보고 살피는 것처럼 관심을 가지고 돌본다는 의미도 있습니다.
그렇기에 기다림은 우리의 시야를 넓히기도 하고, 때에 맞는 배려를 하게도 합니다.
우리가 지금 속한 상황 안에서, 또한 우리와 대화 나누는 사람들과의 관계 안에서 말이지요.
기다림은 우리의 심장을 뛰게 합니다.
우리의 마음을 넓게 만들어 줍니다.
홀로 사는 것만으로는 충분하지 않다고 말해 줍니다.
우리는 우리 심장이 말하고 있는 관계 안으로 들어가야 합니다.

깨어 있을 때

❄

대림절은 모든 망상에서 깨어나 현실로 돌아오는 시간입니다.
'wachen'(깨다)는 'frisch, munter sein'(신선하다, 활기가 있다)이라는 뜻입니다.
깨어 있는 사람은 매 순간 현재를 살아가고 있음을 느끼고, 활력이 있으며, 생각이 맑습니다.
깨어 있으면 다른 것에 잠식되지 않습니다.
분주함이 우리를 잠식시킬 뿐입니다.

1년 동안 미뤄 왔던 편지를 지금 다 쓸 필요는 없습니다.
소비에 열광하며 휩쓸릴 필요도 없습니다.
원하던 것을 가지기 위해 괜히 분주해질 필요도 없습니다.
마음을 다스리고 깨어 있을 때, 우리에게 다가오는 성탄절의 진정한 의미를 알 수 있습니다.
단, 깨어 있는 것만으로 대림절을 온전히 보낼 수 있는 것은 아닙니다.

성탄 이야기에는 목자들이 밤을 지새우는 장면이 나옵니다.

그들은 밤중에 깨어 있던 덕분에 메시아 탄생의 기쁜 소식을 들을 수 있었습니다.

늘 깨어 있는 사람은 자신을 인도하고자 하는 신비를 받아들일 만큼 열려 있습니다.

당신의 마음을 열어요

※

대림절이 되면 이미 성탄절이 시작된 것만 같습니다.

가게들은 몇 주 전부터 캐럴을 크게 틀고 구매 욕구를 자극하면서 매출을 올리려 하지요.

그러나 대림절이 지닌 '기다림'의 의미를 알지 못하는 이들은 중요한 것을 놓치고 맙니다.

원하는 것이 있을 때마다 바로 충족시켜야 하는 사람은 그 욕구에 종속되고 맙니다.

반면 기다림은 우리를 내적으로 자유롭게 합니다.

자신의 욕구가 채워질 때까지 그 시간을 견디고 기다릴 때, 그 사람은 그 기다림이 자신 안에 만들어 내는 긴장을 견뎌 내는 것입니다.

마침내 그것은 우리 마음을 넓히고, 우리 삶이 지루하지 않다는 통찰을 가져다줍니다.

그렇게 우리에게 다가오는 신비를 기다릴 수 있다면, 우리는 우리 스스로의 경험과 욕구에 갇힐 수 없는 그 이상의 존재라는 사실을 깨닫게 됩니다.

기다림이라는 시간은 우리에게 눈앞의 욕구 충족을 넘어선, 본질적인 무언가가 필요하다는 것을 알게 합니다.

사랑하는 사람을 기다리는 일이 기쁨인 것처럼, 대림절도 마찬가지입니다.

기다림을 통해 우리 마음이 넓어지는 것처럼, 그런 기쁨으로 우리를 초대하니까요.

우리 모두는 바로 이 기쁨으로 초대되었습니다.

우리 모두가 가치 있는 존재입니다.

하나님은 우리가 진실한 삶을 살게 하려고, 우리를 기다리고 계십니다.

이러한 하나님께 마음을 열고, 숨기고 싶어 하던 부분까지도 진실하게 받아들인다면, 이 기쁨을 경험할 수 있습니다.

특히 대림절의 시간에는 더욱 그렇지요.

선물 스트레스

※

대림절은 스트레스가 가득한 시간이기도 합니다.

친척과 지인들에게 선물을 주고 싶으면서도, 동시에 선물로 인해 스스로 압박을 받습니다.

선물 받는 사람들이 만족할지 모르겠고, 선물이 너무 싸구려 같아 보이지 않으면 좋겠거든요.

물론 성탄절에 선물을 주고받는 풍습은 오래된 전통이며 지금도 여전히 의미가 있습니다.

하나님이 성탄절에 자신을 선물로 주셨으니, 우리도 서로 선물을 주고받으면서 우리의 진정한 선물이신 하나님을 믿음으로 고백하는 것은 의미 있는 일입니다.

그러나 많은 사람에게 크리스마스 선물이란 상당히 형식적인 것이 되어 버렸습니다.

성탄절 날짜에 맞추어 선물을 주고받지만, 그것은 더이상 성탄절의 비밀과는 아무런 관련이 없어져 버렸습니다.

성탄절에 주고받는 선물이 진정한 의미를 가지려면, 우리 자신의 일부를 선물로 주어야 한다는 것을 깨달아야 합니다.

우리의 시간이 그것일 수도 있습니다.

물론 백화점에서 구입한 것이라도 선물을 받는 대상을 위해 마음과 배려를 담아 고른 것이라면, 그 선물을 통해 사랑이 전해지겠지요.

저는 가난한 수도사이기에 선물을 구입하지는 않습니다.

대신 소중한 사람들에게 직접 편지를 보내 그들의 마음을 헤아리고, 하나님의 빛이 그들 안에서 아름답게 빛나기를 소망함으로써 제 사랑을 전하려고 노력합니다.

중요한 것은, 우리의 성탄절 선물이 다음과 같은 메시지가 되어야 한다는 것입니다.

> "당신은 존재하는 그대로 존귀합니다. 하나님이 당신을 만드신 그 모습 그대로 살아가십시오."

무엇에 갈증을 느끼고 있나요

❋

성탄절을 준비하는 일은 선물에 대한 고민을 포함하기도 합니다.
독일어 'schenken'(선물하다)은 어원상 누군가에게 음료를 준다는 뜻을 가지고 있습니다.
오늘날에도 포도주를 따른다고 말할 때 'einschenken'(따르다)을 사용합니다.
선물에는 목마른 사람에게 그 갈증을 해소할 수 있도록 무엇인가를 따라 준다는 의미가 있습니다.
목마르지 않은 사람에게는 음료를 따라 줄 필요가 없는 법이지요.
많은 사람이 더이상 단것이나 포도주, 옷이나 가전제품과 같은 선물에 갈증을 느끼지 않습니다.
이미 그런 것들을 충분히 가지고 있기 때문입니다.

그에 반해 우리 모두는 사랑, 관심, 존중에 대한 갈증을 느끼고 있습니다.

사람들은 선물을 통해 사랑을 느끼고 싶어 합니다.

사랑을 선물에 담아 건넨다면, 그 선물은 상대방의 갈증을 해소하는 데까지 이를 것입니다.

선물을 절제한다는 것

❋

어떤 가족은 더이상 선물을 주고받지 않기로 합의하기도 하더군요.
이미 충분히 소유하고 있기 때문이겠지요.
물론 여기에는 긍정적인 면이 있습니다.

그러나 어떤 선물이 좋을까 더이상 고민하지 않다 보니, 상대방의 필요를 헤아려 보는 상상력이 빈곤해지기도 합니다.
선물을 주고받는다는 것은 사랑과 생명력이 가득한 관계라는 표시이기도 하니까요.

매년 크리스마스가 되면 할머니가 직접 실로 뜬 양말 한 켤레를 선물 받는 남자가 있습니다.
그에게 그 양말은 더없이 소중한 선물입니다.
왜냐하면 그 안에 할머니의 사랑이 담겨 있기 때문입니다.

그는 할머니가 양말을 뜨면서 자신을 생각하고, 자신을 위해 기도한다는 것을 압니다.

대림절은 어떻게 하면 다른 사람에게 기쁨을 줄 수 있을지 생각해 볼 기회입니다.
가장 중요한 것은 이것입니다.
선물을 받는 이가 그 선물을 통해 사랑에 대한 갈망을 충족할 수 있다는 사실 말입니다.

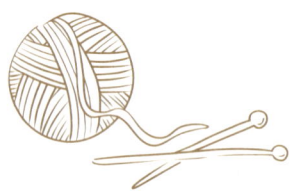

별의 상징

❄

대림절은 갈망의 시간입니다.

어두운 하늘에 빛나는 별은 이러한 열망을 나타내는 이미지입니다.

인간의 어둠을 비추는 신령한 빛의 상징으로서 말입니다.

대림절이 되면 우리는 창문에 별을 장식합니다.

이는 안식과 빛에 대한 갈망이자, 우리 내면을 깊이 채우고 만족시키기 위한 열망의 표현이지요.

그리고 이러한 소망은 항상 사랑과 이어져 있습니다.

아우구스티누스는 갈망이란, 인간의 기본적인 욕구라고 생각했습니다.

모든 갈망의 끝에는 하나님에 대한 갈망이 있습니다.

하나님에 대한 진정한 갈망을 억누르는 사람은 세상의 중독에 빠지기도 합니다.

대림절의 시간은 저마다 빠져 있던 중독에서 다시 진정한 갈망을 찾을 기회입니다.

무엇에 깊이 의존하고 있는지는 자신이 제일 잘 알고 있습니다.

지금 우리에게 필요한 것은 자신이 무엇에 빠져 있는지를 정확히 인식한 후, 그 안에서 다시 진정한 갈망을 발견하는 것입니다.

우리가 정말로 열망하는 것은 일상적이고 평범한 세계 너머에 있거든요.

궁극적으로 별은 잃어버린 낙원에 대한 소망을 담고 있습니다.

이는 미성숙한 것도, 낡은 것으로 회귀하는 것도 아닙니다.

또는 퇴행하는 것도 아닙니다.

우리가 내면의 고요함에 들어갈 때야 비로소 진정한 삶을 향한 싸움을 시작할 수 있다는 의미일 뿐입니다.

우리가 우리 내면에서 일어나는 이 비밀스러운 일을 인식할 때, 우리는 비로소 진정으로 존재하게 됩니다.

만나기 위해, 마음을 열 것

✻

갈망은 세상 속으로 나아가게 하기에, 내가 마음을 열고 세상과 화해하게 합니다.
하나님이 이 땅에 오심으로 우리를 세상과 친밀하게 하셨기 때문입니다.
그것이 다가 아닙니다.
갈망은 또한 나를 이 세상 너머로 인도합니다.
내 안에는 세상 너머의 무언가, 세상의 힘이 닿지 않는 무언가가 있습니다.
따라서 이러한 갈망은 세상에 대한 집착에서 자유하게 해 줍니다.
어느 누구도 나의 깊은 갈망을 채워 줄 수 없다는 것을 받아들이게 되지요.
삶에 대해 이러한 태도를 가지기에 다른 이들과 편안하게 관계 맺을 수 있습니다.
타인에 대한 과도한 기대나 고정관념 없이 말입니다.

이렇듯 갈망은 다른 사람들에 대해 편견 없이 마음을 열게 합니다.
그 덕에 나는 소유를 위한 끝없는 욕망에서 벗어나, 사람들과의 만남과 관계 자체를 기쁘게 향유할 수 있습니다.
사람들과 하나님에 대해서 이야기를 나누기도 하겠지요.
물론, 그가 나를 위해 하나님이 되어 줄 필요는 없습니다.

그런 의미에서 대림절은 다른 사람들과 깊고 진정한 만남을 가지도록 가르쳐 주는 학교가 될 수 있습니다.

포기, 그 이상

✼

갈망과 절제는 항상 같이 갑니다.

중세 수도원에서는 성 마르틴* 축일인 11월 11일부터 성탄절까지 금식하며 주님의 오심을 준비했습니다.

지금도 여전히 대림절 기간 중 한 주간을 정해 금식하는 사람들이 있습니다.

하나님이 주시는 좋은 것들을 누리기 위해 의도적으로 술이나 단 것을 끊는 이들도 있고요.

금식은 몸과 영혼을 깨끗하게 합니다.

단지 음식을 포기하는 것 그 이상입니다.

금식하는 이들은 일주일간의 금식이 자신을 민감하고 깨어 있게 만든다는 것을 알게 됩니다.

또한 더욱 자유로워지고, 살아 있다는 것을 한층 더 느끼게 되며,

---

* 성 마르틴은 중세 가난한 사람들의 수호성인으로 자선과 선행의 상징으로 알려져 있다. 그의 장례식이 있었다고 알려진 11월 11일을 기념일로 지키며, 다양한 등불을 들고 노래하며 거리를 행진하는 풍습이 지금까지 이어져 내려오고 있다.

마음이 더욱 열린다는 것을 깨닫게 됩니다.

물론, 금식의 첫날은 너무 힘들지요.
내면의 굳센 결단이 반드시 필요한 일입니다.
금식 초기에는 배고픔과 함께 평소보다 더 큰 피로를 느낍니다.
하지만 사흘이 지나면 배고픔은 사라지고, 깨어 있으며 더욱 자유해지고 있는 스스로를 느낄 수 있습니다.
수면 시간도 줄어듭니다.
더 생생한 꿈을 꾸게 됩니다.
그리고 기도에 더 집중할 수 있습니다.
따라서 몸뿐만 아니라 영혼의 무거운 짐도 덜어 낼 수 있지요.
더이상 자신의 문제에 매몰되지 않고 하나님께 맡기게 됩니다.
금식은 나의 문제를 스스로 해결할 수 없다는 연약함의 고백이기도 합니다.
그런 연약한 내 자신 그대로를 하나님께 맡길 때, 평온과 자유, 그리고 깊은 기쁨을 경험하게 됩니다.

자물쇠와 빗장을 푸시오!

※

"문을 올려라, 성문을 열어젖혀라.

자물쇠와 빗장이 걸려 있는 하늘의 큰 문과 문을 풀어라.

오라, 오라, 너 새벽별이여."*

기쁨과 갈망, '이미'와 '아직'의 경험이 대림절의 노래 속에 섞여 있습니다.

"네 밝은 빛의 찬란함으로 우리 밤의 어둠을 몰아내어라."**

이 멜로디와 가사에는 모든 억압의 종말을 바라는 갈망이 숨어 있습니다.

---

* 원곡 : Georg Weissel, <Macht hoch die Tür', die Tor' macht weit>, 1623.
  현대 편곡 : Johann Anastasius Freylinghausen, 1704.
** John Mason Neale/Henry Sloane Coffin, <Oh komm, oh komm, du Morgenstern>, 1851/1861, 1856.

그리고 이러한 갈망 속에는 동시에 희망과 비전이 숨어 있지요.

그것은 하늘로 통하는 창을 열어 줍니다.

영원의 그림을 보여 주는 것이기도 하고요.

그것은 우리가 다른 사람들을 향해 세운 콘크리트 벽을 부수고 철문을 휘어지게 할 힘을 가지고 있습니다.

갈망은 생각의 지평선을 열어 주고 기쁨의 길로 인도합니다.

갈망이 내면에 자리 잡고 있는 사람은 주변이 에워싸여도 자유로울 수 있습니다.

대림절의 오래된 노래들과 가사는 진실된 삶과 진정한 본향, 그리고 안식처에 대한 우리의 깊은 갈망을 자극합니다.

결국 이러한 갈망은 우리 안에서 터져 나와 모든 억압을 무너뜨리는 생명의 원천으로 우리를 인도할 것입니다.

이슬아 내려라, 하늘로부터!

✷

어릴 적부터 대림절에는 "이슬아 의로운 자들에게 내려라, 하늘로부터"*라는 노래를 자주 불렀습니다.

어린 제 마음에는 그중 '이슬'이라는 단어가 신비스럽게 느껴졌고, 그 의미는 잘 몰라도 마음을 울렸습니다.

제 안에서부터 깊은 갈망을 불러일으키며 매료시켰지요.

그것은 모든 게 좋아질 것이라는, 무언가 다른 것이 내 안에 들어와 새롭고 바르게 될 것이라는 느낌이었습니다.

팔레스타인 사람들에게 이슬은 중요한 상징이었습니다.

밤이 되면 눈에 띄지 않게 살며시 메마른 땅으로 내립니다.

사막도 아침에는 이슬로 덮입니다.

이슬은 이른 아침 햇살을 받아 반짝입니다.

부드러운 햇살에 비치는 이슬방울은 값진 진주처럼 보입니다.

---

* Jesuitenpater Michael Denis, <Tauet, Himmel, den Gerechten>, 1774.

그리스인들에게 이슬은 사랑의 상징이고, 페르시아인들에게는 처녀의 상징입니다.

사랑의 이슬은 시들고 메마른 마음을 비옥하게 하며 다시 생기를 부어 줍니다.

이슬은 부드럽고 순수하며 완전하고 흠 없는 것을 의미합니다.

그리스도가 동정녀에게서 난 것처럼, 페르시아인들에게 이슬은 새롭게 하시고 구원하시는 하나님의 힘을 의미합니다.

하나님은 이슬을 통해 세상의 본래 모습을 회복시키십니다.

한낮의 열기가 생명을 메마르게 할지라도, 밤사이 하나님의 새로운 이슬이 우리에게 내리고 우리를 새롭게 합니다.

하나님은 우리 안에 새로운 생명을 창조하십니다.

이스라엘 사람들에게 이슬의 의미는, 하나님이 직접 사람들을 돌보셔서 사랑의 부드러운 이슬로 우리의 메마름을 비옥하게 하시고, 이를 통해 우리 안에 새로운 생명을 일으키신다는 것이었습니다.

우리 생명은 새로워질 것입니다.

우리 영혼은 다시 기쁨을 얻을 것입니다.

대림절의 노래에는 이러한 기대가 담겨 있습니다.

사막이 푸르게 되고

✻

대림절은 우리의 사막이 변하여 꽃을 피울 것이라고 예언합니다.

도시의 콘크리트로 된 사막뿐만 아니라 인간의 마음속에 있는 황량한 사막에 대한 이야기입니다.

사막은 외로움, 홀로 남겨짐, 무의미함, 그리고 단절된 관계와 공허함을 떠올리게 합니다.

사실 우리 중 그 누구도 안정적인 존재일 수 없습니다.

우리 안에 있는 거칠고 통제되지 않는 힘은 우리 표정을 일그러뜨리기도 하지요.

사막이라는 장소에서 우리는 우리 자신과 우리의 불편한 현실을 가차 없이 직면합니다.

따라서 하나님이 오실 길을 만들기 위해서는 먼저 자신만의 사막으로 떠나야 합니다.

우리 마음의 사막에서 그분을 위한 길을 준비해야 합니다.

그리고 그곳에서 우리 안의 모든 압박과 억압, 그리고 어두움을 바라보고 그분께 내어놓아야 합니다.

하나님은 바로 그곳으로 우리를 만나러 오실 것입니다.

우리의 성공과 능력으로 치장된 화려한 자리가 아닌, 그곳으로요.

우리는 잘 준비된 예배나 공동체의 모임처럼, 보이는 장소에서 하나님을 만나기 원하지만 하나님은 그렇지 않으십니다.

우리 내면의 사막에서 우리와 만나기를 원하십니다.

우리와 함께 구원의 축제를 즐기기 위해, 우리와 연합하여 우리 안의 모든 것을 변화시키기 위해, 그 사막에서 우리와 만나 주실 것입니다.

우리가 우리 안의 사막으로 하나님을 모실 때, 하나님이 이사야를 통해 약속하신 날이 현실이 됩니다.*

대림절은 우리의 사막에서 샘을 발견하게 되리라고 약속합니다.

---

* 보라 내가 새 일을 행하리니 이제 나타낼 것이라 너희가 그것을 알지 못하겠느냐 반드시 내가 광야에 길을 사막에 강을 내리니 장차 들짐승 곧 승냥이와 타조도 나를 존경할 것은 내가 광야에 물을, 사막에 강들을 내어 내 백성, 내가 택한 자에게 마시게 할 것임이라(이사야 43:19-20).

사막은 더이상 공허함과 무의미함, 유혹과 시련의 장소만이 아닙니다.

사막은 하나님을 경험하고 만나는 장소이기도 합니다.

우리는 대림절 기간에 우리의 사막으로 들어갈 용기를 얻을 수 있습니다.

그곳은 하나님을 가까이서 만날 수 있는 곳이며, 어떤 외로운 순간에도 우리를 붙드시는 그분의 손을 경험할 수 있기 때문입니다.

엘리야가 사막에서 죽기를 원했을 때 그러셨던 것처럼, 하나님은 우리에게도 천사를 보내십니다.

사막의 한가운데에서 우리는 우리를 기다리시는 하나님을 경험합니다.

대림절은 사막의 경험 끝에 기쁨이 있을 것이라는 위로의 약속입니다.

겨울에도 꽃은 피어나고

❋

성 바르바라* 축일인 12월 4일에는 많은 지역의 가정에서 체리 나뭇가지를 잘라다가 물에 담가 두는 풍습이 있습니다.

성탄절 무렵이 되면 이 가지에서 꽃이 피어나지요.

어둡고 추운 겨울 날씨로 바짝 말라 버렸던 가지에 수분이 공급되면, 동지를 지날 즈음에 생명의 신호를 볼 수 있습니다.

우리 내면도 마찬가지입니다.

가끔 꿈을 꾸며 보게 되는 온갖 겨울의 이미지는 우리 영혼의 상태를 넌지시 알려 줍니다.

우리의 내면이 차다는 사실을요.

심장은 차갑고 감정은 얼어붙었다는 것을요.

---

* 성 바르바라는 로마의 속주 니코메디아에서 태어났다. 이교도인 아버지의 반대에도 불구하고 예수를 믿다가 온갖 고문을 당하고 갇혔을 때, 예수께서 나타나 치유하셨다는 이야기가 전해진다. 높은 탑에 갇히러 가는 길에 죽은 것처럼 보이는 체리 나뭇가지를 주워서 자신이 마실 물에 담가 두었는데, 그 가지에서 꽃을 피웠다고 한다. 그것이 죽은 것 같았던 존재에 새로운 생명으로 꽃을 피운다는 그녀의 상징이 되었다. 가톨릭에서는 그녀가 순교했다고 알려진 12월 4일을 축일로 지키고 있다.

그런 내면에는 더이상 아무것도 살지 않습니다.

하지만 바르바라 가지가 그 추운 한겨울에도 새로운 생명을 꽃피워 내는 것을 볼 때, 우리는 희망을 얻습니다.
대림절을 지나며 우리가 이 나뭇가지에서 얻을 수 있는 교훈은, 모든 얼어붙은 것은 깨져 없어질 것이라는 사실과 그리하여 우리 내면이 한겨울과 같더라도 언젠가는 꽃이 필 것이라는 사실입니다.
바르바라 가지는 오랜 전통을 거쳐 '사랑의 가지'라 불리고 있습니다.
사랑이 죽음보다 강하고, 사랑은 결국 승리할 것이며, 얼어붙고 경직된 관계들도 다시 회복될 수 있음을 우리는 바르바라 가지를 통해 알 수 있기 때문이지요.

성탄절은 우리에게 얼어붙고 굳은 마음에 사로잡히지 말라고 가르칩니다.
사랑을 향해 우리의 마음을 열면, 사랑은 우리에게 반드시 꽃피는 생명을 선사해 줄 것입니다.

우리가 마음속 깊은 곳에서 갈망하던 넓은 하늘을 보게 할 것입니다.

너희는 위로하라 너희는 위로하라

❋

어느 대림절 노래*에서는 약속된 메시아가 우리의 위로라는 사실을 노래합니다.

> "온 세상의 위로자여, 온 세상이 당신에게 모든 희망을 걸고 있는데, 당신은 어디에 있는가."

그리고 헨델의 <메시아>는 헨델 자신이 위로를 받아 우울증을 극복할 수 있었던 말씀으로 그 노래를 시작합니다.

> "너희의 하나님이 이르시되 너희는 위로하라 내 백성을 위로하라 너희는 예루살렘의 마음에 닿도록 말하며 그것에게 외치라 그 노역의 때가 끝났고 그 죄악이 사함을 받았느니라"(이사야 40 : 1-2).

---

* Friedrich Spee, <O Heiland, reiß die Himmel auf>, 1622.

헨델의 <메시아>를 감상하는 것은 저만의 대림절 의식입니다.

바로 대림절 첫 주일에 곡의 첫 부분을 들으면서, 음악으로 제 마음에 말씀의 위로가 스며들게 하는 것입니다.

하나님이 저를 위로하실 때, 저는 삶에 대해 신뢰를 가질 수 있습니다.

위로는 신뢰에서 오며 내면을 견고하게 합니다.

하나님이 그분의 아들을 통해 우리에게 오실 때, 우리는 흔들리던 삶의 터전에서 벗어나 새로운 자리에 서게 됩니다.

그때 내가 설 수 있는 견고한 기반을 가지게 됩니다.

내가 있던 곳이 신뢰의 장소, 믿음의 장소, 내 집과도 같은 장소가 됩니다.

하나님은 슬픔을 위로하십니다.

슬픔의 장소는 위로의 공간이 됩니다.

저의 무너진 실존도 그 장소에서는 다시 신뢰를 가질 수 있고, 제 모습 그대로를 직면할 수 있습니다.

왜냐하면 슬픔에 빠진 저는 그곳에서 위로를 얻고, 그 슬픔을 통하여 견고하게 설 수 있는 '모든 것 위의 위로'를 발견하기 때문입니다.

그곳은 더 깊은 기쁨을 만날 수 있는 장소입니다.

그것은 어둠을 감싸는 기쁨입니다.

사랑의 사람

성탄절을 준비하는 기간에는 성 니콜라우스* 축제가 포함되어 있습니다.

그를 완전한 사랑이 된 사람으로 여기기 때문입니다.

그는 어려움에 처한 사람에게 부드러운 선의를 표하되, 안타까운 마음을 가지고 눈에 띄지 않게 도왔습니다.

그에 대한 전설은 모든 면에서 우리 삶에 깊은 의미를 줍니다.

아주 가난한 이가 생계를 위한 피치 못할 수단으로 세 딸을 매춘굴에 보내려 한다는 것을 알게 된 그는, 금 덩어리를 세 번이나 창문으로 던져 넉넉한 결혼 지참금을 마련해 주었습니다.

그는 아버지가 생계를 위해 딸들을 이용해야 하는 고통을 이해했

---

* 성 니콜라우스는 280년경 리키아의 파타라에서 태어났다. 후에 튀르키예의 미라 근처의 시온에서 수도원장이 되었으며, 325년의 니케아 공의회에 참여하기도 하였다. 자신이 상속받은 재산을 가난하고 궁핍한 사람들에게 다 나누어 주며 선행을 한 데에서 유래하여, 현대 산타클로스의 모형이 되었다. 그가 죽은 날로 알려진 12월 6일을 축제의 날로 기념하고 있다.

습니다.

동시에 딸들의 삶이 더이상 아버지의 뜻에 의해 결정되지 않고, 제 갈 길을 스스로 갈 수 있도록 도왔습니다.

니콜라우스는 이렇게 부정적인 아버지상을 대신해, 자녀들이 자신의 갈망을 따라갈 수 있게 자유를 주는 아버지상을 제시합니다.

자녀들이 치유될 수 있는 환경을 만든 것이지요.

그는 사람들이 부당한 유죄판결을 받았을 때도 그냥 지나치지 않았습니다.

그는 모든 자녀에게 공평하며, 자녀들이 올바르게 살아가도록 정의를 이루는 아버지의 모습을 보여 주었습니다.

니콜라우스는 모든 사람이 진정한 아버지와 어머니가 될 수 있다고 용기를 줍니다.

모든 사람에게는 다른 이들을 격려하며 용기를 얻도록 돕는 원형적인 아버지의 이미지가 있고, 다른 이들에게 안전과 안식을 제공하며 먹이고, 상처를 치유하는 어머니의 이미지도 있습니다.

모든 사람 안에는 다른 이들의 어려움을 돕는 순수하고 정의로운 사람의 모습이 있습니다.

화환이 상징하는 것

※

고대부터 화환은 승리와 명예의 상징이었습니다.

대림절 화환은 오시는 주님을 향한 경의의 상징입니다.

고대의 승리 화환은 기독교에서 또 다른 의미를 가지고 있습니다.

그것은 종종 처참하게 찢기고 분열되는 우리 삶이 다시 온전해질 것이라는 약속의 상징입니다.

한 해의 끝이면서 교회력으로는 시작이기도 한 대림절에 보는 화환은 우리를 더 희망하게 합니다.

한 해 동안 많은 실패를 했을지라도, 침묵과 기도가 모이면 변화가 일어날 뿐만 아니라 모든 것이 한데 어우러져 삶 속에 녹아듭니다.

화환의 초도 상징하는 것이 있습니다.

화환에는 네 개의 초가 있지요.

원래 이 초들은 네 번의 대림절 주일을 의미합니다.

주일마다 켜지는 촛불이 늘어 갈수록 성탄절에 대한 기대를 더해 갑니다.

이때 '4'는 상징적인 숫자이기도 합니다.

둥근 화환 위에서 밝혀진 네 개의 초는 모든 것의 일치를 의미합니다.

원형과 사각형이 서로 하나가 되는 것입니다.

첫 번째 초는 어둠 속에서 빛을 밝히며, 우리 내면의 밤도 환하게 밝아질 것이라는 희망을 줍니다.

두 번째 초는 우리 삶의 긴장감을 나타내고, 그 안에서 삶의 갈등이 해소될 것이라고 말해 줍니다.

세 번째 초는 정신과 영혼과 육체의 통합이 이루어질 것이라고 약속합니다.

그리고 마지막 네 번째 초는 네 개의 상징이 어우러진 변형의 이미지를 보여 줍니다.

융에 따르면 숫자 '4'는 우리의 완전함을 나타냅니다.

서로 대립하며 만나지만, 또 동시에 서로 화해합니다.

부드러운 빛

✺

대림절을 지나는 동안 우리는 타오르는 초 앞에 앉아 그 빛을 바라보며 평안을 구합니다.

촛불은 부드러운 빛입니다.
어지러운 네온 조명과는 달리 촛불은 공간의 일부분만을 밝힙니다.
어둠 속에 일부를 남겨 두지요.
그 빛은 따뜻하고 편안합니다.

초는 모든 곳을 고르게 비추어야 하는 기능성 조명이 아닙니다.
오히려 촛불은 신비롭고 따뜻하고 사랑이 넘치는 빛을 선물합니다.
사람들은 촛불 안에서 부드러운 눈으로 스스로를 바라볼 수 있습니다.

이런 섬세한 빛 안에서 저는 제 자신을 진실하게 인식하고, 저를 하나님 앞에 세우기 위해 용기를 냅니다.
이곳에서 저는 스스로를 인정할 수 있습니다.

2부 기쁨, 축복, 은혜가 내리는 시간

기쁨의 성탄

성탄 시즌은 저마다의 소원을 이루는 시간입니다.

사람들은 자신을 향한 사랑을 확인할 수 있는 선물을 원합니다.

특별히 아이들이 원하는 선물 목록은 상당히 구체적이지요.

그들은 산타 클로스를 기다립니다.

우리는 서로가 이 축제를 축하합니다.

서로에게 '메리 크리스마스'를 빕니다.

여기에는 전혀 다른 의미, 즉 테이블에 놓인 선물이나 트리 아래 가득한 상자 그 이상의 의미가 담겨 있습니다.

독일어 'Gratulieren'(축하하다)은 '자비, 감사, 조화, 은혜'를 의미하는 라틴어 'gratia'에서 유래했습니다.

예수님이 태어나셨을 때 천사는 '하나님의 은혜를 입은 사람들'에게 평화를 약속했습니다(누가복음 2:14).

우리는 서로에게 기쁨이 가득하길 기원하고, 또 예수님의 탄생으로 우리가 받은 은혜를 경험하길 소원합니다.

구유에 누인 아기 예수 안에서 하나님의 은혜와 그분의 섬세한 사랑이 우리에게 비추었습니다.
'메리 크리스마스'를 소원할 이유는 이것으로 충분합니다.
우리는 예수님의 탄생을 통해 어둠으로 덮인 밤이 사라지고 기쁨으로 채워지기를 서로에게 빌어 줍니다.

이탈리아에서는 'buon natale'(부온 나탈레)라고 말하며 예수님의 탄생을 축하합니다.
그 안에는 선하신 하나님의 출생을 축하하는 의미뿐 아니라, 우리 자신의 출생을 축하하고, 인간의 참된 가치를 누리며 살아가는 기쁨이 있기를 소망하는 의미가 담겨 있습니다.

팀파니와 트럼펫

저에게 요한 세바스찬 바흐의 <크리스마스 오라토리오>를 듣지 않는 성탄절이란 있을 수 없습니다.
바흐는 팀파니, 트럼펫, 합창단의 노래로 오라토리오를 시작합니다.

> "환호하라, 기뻐하라! 이날을 찬양하라!
> 기리라, 하나님께서 행하신 것을!
> 두려움을 물리치고, 근심을 버리라!
> 환호와 기쁨으로 소리 높여 노래하라!"

합창을 듣고 있으면 그 가사가 제 안에서 그대로 실현됩니다.
제 마음으로부터 두려움과 근심이 사라져 버립니다.
성탄절의 신비, 하나님이 사람이 되셔서 우리의 어두움에 빛을 비추셨다는 신비가 제 안에서 커집니다.

이렇게 열린 마음에 소프라노가 들어와 천사의 소식을 노래합니다.

"두려워하지 말라.

보라, 나는 너희와 온 백성에게 큰 기쁨을 전한다."

걱정과 문제로 잃어버렸던 기쁨이 음악과 함께 저의 영혼 안에서 새 삶을 향한 기대로 깨어납니다.

깨어라, 기뻐하라

헨델의 <메시아>를 듣는 것도 저의 성탄절 의식 중 하나입니다.
헨델은 주로 구약성서 본문에 비추어서 예수의 메시지를 해석하고 음악으로 표현했습니다.
소프라노 아리아는 스가랴 선지자의 말로 성탄절의 신비를 노래합니다.

> "시온의 딸아, 깨어라 기뻐하라.
>
> 예루살렘의 딸아, 일어나라.
>
> 보라, 너의 왕이 네게 오신다.
>
> 그는 공의로우시며 모든 민족에게 구원을 베푸신다"(스가랴 9:9).

헨델은 당시 겪었던 큰 어려움 속에서도 이 곡을 미친 듯이 작곡해 4주도 채 안 되어 완성했습니다.
우리는 오늘날에도 그의 아리아와 합창곡에서 그 감동을 느낄 수 있습니다.

이 곡의 절제된 위로는 즐겁고 생동감 넘치는 성탄 소식의 합창으로 바뀌고, 부활 부분에서 나오는 '할렐루야'의 강한 환희는 곡의 절정으로 이끕니다.

성탄절이 기쁨이 되는 이유는 하나님이 직접 인간이 되어 왕으로, 돕는 자로, 구원자로, 그리고 우리 어둠을 비추는 빛으로 우리에게 오셨기 때문입니다.

헨델의 음악을 들을 때 마음의 모든 어두움, 황량함, 슬픔은 사라지고, 예수 탄생의 기쁨이 우리 안에 들어옵니다.

지금 노래하라 그리고 기뻐하라

가장 잘 알려진 크리스마스 캐럴 중 하나는 이런 가사로 시작합니다.
이 곡*은 14세기부터 내려왔습니다.

"달콤한 기쁨 속에서, 지금 노래하며 기뻐하라."

옛 크리스마스 캐럴은 예수의 탄생이 우리 마음속에 불러일으키는 기쁨에 대해 한결같이 노래합니다.
15세기의 또 다른 캐럴**도 노래합니다.

"오늘 우리에게 한 아기가 태어났네, 온 세상을 기쁘게 하네."

---

* Michael Praetorius, <In dulci jubilo>, 1605.
** Michail Weisse, <Ein kind ist uns geboren heut>, 1531.

'기쁨'은 모든 크리스마스 캐럴의 대표적인 주제입니다.

우리는 한 아기의 탄생에 언제나 기쁨으로 반응합니다.

하나님이 인간이 되심으로 우리 안에서 그간 알지 못하던 다른 일을 시작하십니다.

우리는 더이상 혼자가 아니며, 하나님이 친히 우리와 함께하시기에 이 땅은 우리에게 안식처가 됩니다.

하나님은 예수 안에서 우리의 모든 길 위에 함께하십니다.

우리 삶은 영원히 변화되었습니다.

하나님의 빛은 우리의 어둠 속에 비칩니다.

하나님은 우리의 딱딱한 마음을 부수어 기쁨과 사랑을 주시기 위해 아기로 오셨습니다.

높은 하늘로부터

마틴 루터는 우리에게 잘 알려진 캐럴인 <높은 하늘로부터, 내가 땅에 내려와>*를 작시했습니다.
이 노래의 여섯 번째 절은 이렇게 노래합니다.

> "그러니 우리는 얼마나 기쁠까!
> 목자들과 함께 가서, 하나님이 사랑하는 아들을 높이셔서 우리를 위해 하신 일을 보자."

기쁨은 독일의 종교개혁자에게도 믿음의 뿌리가 되었습니다.
그에게 있어서 기쁨은 하나님이 우리에게 하신 일에서부터 시작됩니다.

---

* Martin Luther, <Vom Himmel hoch, da komm ich her>, 1535. 루터는 1535년에 자녀들을 위한 성탄 선물로 15절에 이르는 이 곡의 가사를 썼다고 알려져 있다. 처음에는 마을 민요의 가락을 따라 노래했지만, 곡이 알려지면서 1539년에 루터가 직접 작곡한 것이 지금까지 불리고 있다.

우리는 더이상 모든 것을 우리 스스로 감당하지 않아도 됩니다.
하나님이 우리에게 개입하셨습니다.
루터는 하나님이 친히 주체가 되어 일하신다는 점에서 성탄 신비의 본질을 발견합니다.

하나님은 우리에게 그분의 아들을 선물로 주셨고, 그 아들 안에서 그분의 섬세한 사랑을 주셨으며, 아무런 조건 없이 우리를 받아주신다는 약속 또한 주셨습니다.
그러므로 우리는 기뻐하는 그리스도인으로 살아가야 합니다.
하나님이 우리에게 진리의 선물을 준비하셨기 때문입니다.
그는 우리에게 아들을 선물하셨고, 그 아들과 함께 우리를 명예롭게 하셨고, 아들 안에서 우리 본래의 광채와 신성한 아름다움을 회복시키셨습니다.

고요한 밤, 거룩한 밤

가장 잘 알려진 크리스마스 캐럴이자 독일에서도 가장 사랑받는 곡은 1818년에 만들어진 곡으로, 요제프 모어가 작시하고 프란츠 자베르 그루버가 작곡한 <고요한 밤 거룩한 밤>입니다.

이 노래는 평범한 사람들을 위해 쓰였습니다.

당시는 수십 년간의 전쟁으로 인한 공포와 불안, 기아와 위태로운 경제 상황으로 큰 어려움을 겪던 시기였지요.*

이 곡은 이러한 어려움 너머의 또 다른 현실인 행복과 평화, 무엇보다 '하늘의 평화'를 전합니다.

특별히 요제프 모어는 자신이 살던 동시대인들뿐만 아니라 지금

---

* 프랑스 혁명의 연장선상에서 일어난 13년간의 나폴레옹 정복전쟁은 유럽의 판도를 뒤흔들었다. 1815년 전쟁이 끝났을 때, 잘츠부르크 땅은 완전한 폐허가 되었다. 바이에른과 오스트리아 사이에서 모든 경제권을 잃고 고통을 받았다. 1816년 요제프 모어는 이런 고통 속에서 평화를 소망하며 시를 썼다. 2년 후인 1818년 12월 24일에 친구인 프란츠 자베르 그루버에게 달려가 곡을 부탁하고, 그날 잘츠부르크 근처의 오번도르프에 있는 성 니콜라우스 교회에서 함께 연주하게 된다. 이 곡은 2011년에 유네스코 무형문화유산으로 등재되었다.

우리에게도 '고요함과 거룩함'이라는 두 단어로 성탄의 신비를 전합니다.

밤의 고요 속에서 하나님이 태어나셨고, 그분은 고요 속에서 우리들의 마음에 오셨습니다.

그래서 이 밤이 거룩한 밤이 되려면 고요가 필요합니다.

하나님은 아들의 성탄을 통해 우리의 밤을 거룩하게 만드셨습니다.

그리스인에게 '거룩'이란 세상으로부터 멀어지고, 세상이 통제할 수 없는 영역이었습니다.

침묵 속에서 우리는 세상의 소음으로부터 벗어납니다.

그러면 그 자리에서 우리 안의 거룩함을 만나게 됩니다.

성탄으로 고요해진 이 밤은 악몽과도 같은 두려움의 내적 소음에서부터 침묵으로 우리를 인도합니다.

하나님이 우리 안에 성탄하실 수 있도록 말이지요.

밤이라는 것이 어두움, 무의미함, 우울함, 마비 상태의 상징이라면, 그 밤은 성탄의 빛을 통해 변화됩니다.

성탄의 빛은 우울의 밤, 무의미함의 밤, 그리고 끝날 것 같지 않던

불면의 밤을 비추어 줍니다.

성탄절은 바로 그 빛으로 우리 인생의 어두운 밤을 뒤흔들고 변화시키고 거룩하게 하시는 그분을 인식하는 시간입니다.

하나님이 내 안에 계시면 그곳에 거룩하고 환한 공간이 생겨납니다.

이 거룩한 공간에서 우리는 치유되고 온전해집니다.

두려움과 어둠으로 가득 차 있던 우리의 밤은 고요하고 거룩한 밤으로 바뀌어 갑니다.

바로 이러한 염원을 담은 요제프 모어와 프란츠 그루버의 노래는 전 세계로 퍼져나가, 많은 사람에게 진정한 행복을 향한 갈망과 잃어버린 낙원에 대한 그리움을 상기시키고 있습니다.

밤을 몰아내는 태양

성탄절은 동지* 축제와 겹쳐 있습니다.

두 축제가 겹쳐 있다는 것은 고대 그리스도인들에게 진정한 태양이신 그리스도가 우리 생명을 구원하셨다는 의미로 받아들여졌습니다.

첫 번째 성탄의 날이 오기 전까지 사탄의 밤도 깊어지고 있었습니다.

그리스도께서 오시자 어둠의 마법이 깨졌습니다.

성탄절 전례는 그리스도의 탄생을 항상 태양의 이미지로 보여 줍니다.

한 성가의 후렴은 이렇게 노래합니다.

---

* 동지는 1년 중 밤이 가장 긴 날로 로마 시대에는 동지를 12월 25일로 지켰다. 초기 그리스도인들은 예수께서 가장 춥고 어둠이 깊어지는 날에 빛과 소망으로 이 땅에 오셨다고 생각했고, 이런 이유로 4세기경부터 밤이 가장 긴 날인 동지에 성탄절을 기념하게 되었다.

"구원자가 해와 같이 떠오를 것이다.

그가 동정녀의 태에 내려오시면."

이 노래에는 올라감과 내려감, 태양이 지고 뜨는 현상에 담긴 역설을 생명과 출생의 상징으로 본 고대의 갈망이 반영되었습니다.
그리스도 안에서 태양은 영원히 떠올라 우리를 밝히기 위해 우리의 밤에 찾아옵니다.
태양은 따뜻하게 하고 생명을 주지만, 때로는 불사르기도 합니다.
이것은 그리스도인들이 그리스도를 진정한 태양으로 높일 때 그들에게 이루어지기도 합니다.
그리스도는 태양처럼 우리의 어둠을 밝히고, 부드러운 사랑의 빛으로 우리를 감싸지요.
하지만 동시에 우리 안의 모든 죄와 굳어진 것들을 태워 버립니다.
그분이 우리 안의 빛이 되기 위해서 말입니다.

파울 게르하르트**는 자신의 크리스마스 캐럴 <Ich steh an

** 파울 게르하르트(1607-1676)는 신학자이자 시인으로 독일 최고의 찬송가 작가로 불린다. 그가 쓴 시는 총 139편에 이르고, 현재 독일 찬송가에 26곡이 실려 있다.

deiner Krippen hier : 나는 여기 당신의 구유 앞에 서 있네>에서 그리스도를 "나에게 빛, 생명, 기쁨 그리고 환희를 가져다준 태양", 즉 깊은 죽음의 밤에 우리의 태양이 되신 분으로 표현했습니다.

그렇다면 우리도 성탄절에 다른 사람들의 태양이 되어야 합니다.

물론 성탄절에만 그래야 한다는 것은 아닙니다.

하지만 성탄절은 나의 태양이 되어 주신 예수님을 특별히 인식하고 나누어야 하는 축제임이 분명합니다.

어두운 밤의 새벽별

"어두운 밤의 새벽별,

세상을 기쁨으로 가득 채우네.

나의 예수여, 들어오소서.

내 마음의 성소에 빛을 비추소서."

이 놀라운 고백은 안겔루스 질레지우스의 시*입니다.

사람들은 오래전부터 자신의 갈망을 '별'에 이입해 왔습니다.

별은 언제나 매력적이지요.

어린 시절 우리는 이런 노래를 즐겨 불렀습니다.

---

* Johannes Scheffler, 『Morgenstern der finsteren Nacht』, 1657. 이 시는 요하네스 셰플러가 1657년에 출판한 시집에 안겔루스 질레지우스라는 가명으로 발표한 작품이다. 같은 해에 게오르그 조세프에 의해 곡이 붙여졌다. 영광으로 하나님을 찬양하고, 이 땅에 오신 예수님을 새벽별의 아름다운 빛으로 노래했다. 실내음악으로 작곡된 곡이지만 찬송가로도 불리고 있다.

"당신은 아나요, 얼마나 많은 별들이 떠 있는지"**

이 노래는 제게 하나님이 우리에게 선한 뜻을 가지고 계시다는 믿음과, 우리는 별이 빛나는 그분의 하늘 아래 거하고 있다는 확신을 줍니다.

또한 어디에 있든지 밤 하늘의 별을 보면 고향집에 온 것만 같은 기분이 드는데, 그 이유는 세상 어디에서든 고향에서와 똑같은 별이 반짝이고 있기 때문입니다.

2천 년 전 예수가 나셨을 때 나타난 별을 생각하면서 집집마다 성탄 트리나 창문에 걸어 둔 성탄의 별을 바라볼 때도 그런 마음이 들지요.

그리스도의 탄생으로 이 세상은 어디나 우리의 고향이 되었습니다. 어느 곳에서나 같은 새벽별과 저녁별이 우리에게 비치며, 그 별로 인해 우리는 어느 곳이나 집처럼 여길 수 있습니다.

** Wilhelm Hey, <Weißt du, wie viel Sternlein stehen>, 1837. 개신교 신학자이자 시인인 빌헬름 헤이는 어린이를 사랑했고, 100여 편의 어린이를 위한 우화를 출판하기도 했다. 어린이를 위한 자장가로 쓰여진 이 곡도 인간의 모든 상상을 초월하는 하나님을 향한 경외를 담고 있다. 그는 하나님이 지켜 주시니 인간은 어디에서든 편안히 잠들 수 있다는 고백으로 자장가를 지었다.

또한 성탄절은 우리 스스로도 다른 사람들의 밤을 밝히는 별이 되어, 그들이 삶에 대해 희망을 얻게 합니다.

그들 역시 고향집에 온 것 같은 안도감을 얻게 하는 일을 하도록 우리를 초대합니다.

이것이 성탄의 별이 가지는 가장 중요한 메시지입니다.

우리는 이 땅의 사람일 뿐만 아니라 하늘의 사람이기도 합니다.

우리 각자 안에는 별이 빛나고 있으며, 그 별은 우리를 통해 하늘에서 이 땅으로 내려와 우리의 깊은 갈망을 채워 주시는 분을 드러냅니다.

화이트 크리스마스

누구나 올해에는 화이트 크리스마스가 되기를 원하지만, 정말로 이루어지는 경우는 점점 드물어지고 있습니다.
캐럴 <화이트 크리스마스>는 전 세계적으로 널리 알려진 현대곡으로서 수백 종류로 재해석되어 1억 장 이상의 레코드 판매 기록을 가진, 정말이지 최고의 노래입니다.
유대계 미국인 작곡가인 어빙 벌린이 1941년 12월 공개석상에서 처음 불렀던 이 감성적인 노래는 <고요한 밤 거룩한 밤>과 함께 가장 유명한 크리스마스 캐럴이 되었습니다.
사람들의 영혼 깊은 곳까지 감동을 주기 때문일 것입니다.

이 곡은 화이트 크리스마스의 이미지와 연결되어 멜랑꼴리한 기분을 약간 더해, 아주 강한 갈망을 느끼게 합니다.
마치 전쟁의 한복판에서 불현듯 화이트 크리스마스를 떠올리게 된 사람이 평화를 소망하는 그 갈망처럼 말이지요.

고통을 덮고 세상을 마법처럼 바꾸는 하얀 눈은 평화의 성탄 이미지와 잘 어울립니다.

하나님이 예수 그리스도로 탄생하셔서 세상을 변화시키셨듯, 모든 것을 덮는 흰 눈도 풍경을 완전히 바꿉니다.

눈은 세상을 고요함으로 채웁니다.

흰 눈이 덮인 자연을 걷는 것은 그 자체로 매혹적인 일입니다.

그 길을 걷다 보면 우리는 자연히 침묵에 잠기고, 눈 덮인 나무를 보며 감탄할 수밖에 없습니다.

모든 것은 하나님이 만드신 아름다운 광채를 받아 빛나고 있습니다.

한 시인은 흰 눈을 '하나님의 미소'라고 불렀습니다.

같은 의미로 눈은 성탄절의 더없이 좋은 상징입니다.

하나님이 성육신하심으로 그분의 아름다움이 우리 안에 들어왔습니다.

그 아름다움은 세상 모든 사람의 얼굴에서 빛나고 있습니다.

그 빛은 하나님이 육신이 되심으로 놀라우리만치 새로워진 창조 세계 안에서 우리를 향해 반짝입니다.

차가운 겨울 한가운데서

오래된 독일 크리스마스 캐럴 한 곡*은 이런 이야기로 시작합니다.
그것은 우리가 의미를 되새겨야 할 이야기입니다.

"이것은 장미여라, 연약한 뿌리에서 돋아난."

이 장미 가지에서 한 송이 꽃이 피어납니다.

"차가운 겨울 한밤중에 작은 꽃 한 송이 피어났도다."

마리아는 장미 가지입니다.
그는 우리에게 아기 예수라는 '작은 꽃'을 가져다주었습니다.
이 꽃은 달콤한 향기를 내고 자신의 환한 빛으로 우리의 어둠을 몰아냅니다.

---

* Michael Praetorius, <Es ist Ros' entsprungen>, 1609.

종종 눈 사이에서 꽃이 피듯이, 하나님은 예수의 탄생 안에서 우리의 차가운 마음을 깨뜨리고 그분의 사랑으로 따뜻해지게 하십니다.

예수의 탄생은 우리의 얼어붙은 감정을 녹입니다.

그리고 무감각한 이 시대에 선하고 달콤한 향기를 퍼뜨립니다.

예수의 탄생은 우리 영혼의 겨울과 우리 마음의 어두운 밤에 찾아온 작고 매우 섬세하면서도 놀라운 꽃과 같습니다.

우리의 세상을 변화시킵니다.

이전에 그랬던 것처럼

가정마다 성탄절이 되면 어김없이 따르는 의례가 있을 것입니다.
어느 귀족 가문처럼 수백 년에 걸쳐 변함없이 내려오는 전통까지는 아니어도 됩니다.
크리스마스가 다가오면, 젊은 가정들도 '이전에' 집에서는 어떻게 했었는지 떠올려 봅니다.
함께 부른 노래, 나눠 먹는 특정한 음식, 트리를 장식하고 구유를 배치하는 방식 등은 모두 부분적인 것입니다.
분명히 모든 가정은 짧은 이벤트로 이날을 기념하고 마는 것이 아니라, 집안 대대로 내려오는 전통을 지키는 축제가 되기를 바랍니다.
그런 전통적인 의례 형식과 한결같은 관습은 가족들에게 안정과 확신을 줍니다.

우리는 선조들과 기다란 끈으로 연결되어 있습니다.

선조들도 우리처럼 성탄절을 즐겼습니다.

우리는 선조들의 신앙이 우리가 지키는 의례에 이어지기를 원합니다.

선조들처럼 성육신의 신비에 깊은 감동을 받기 원합니다.

선조들의 신앙이 우리의 신앙을 더 강하게 하기를 원하고요.

그것은 우리의 정체성을 확인하고 싶은 마음이기도 합니다.

우리는 오늘의 시간만을 사는 것이 아니라, 여러 세대의 긴 흐름 속에 얽혀 사는 존재입니다.

우리는 우리 선조들의 힘과 가치관, 그리고 그들의 사랑에 동참하고 있습니다.

선조들과 함께 우리는 성탄절을 일상의 시간과 구분합니다.

그들과 함께 우리는 그리스도의 탄생으로 시작된 '기쁨 넘치는 이야기'를 기억합니다.

우리는 기쁨의 원천인 그리스도와 연결되어 우리의 시간을 변화시켜 갑니다.

어떻게 성탄을 맛보는가

성탄절 의식에는 캐럴뿐만 아니라 공동의 식사도 빼놓을 수 없습니다.

이것은 전 세계 어디에서나 그렇습니다.

나라와 지역마다 성탄절 만찬 식탁에 무엇을 올릴지 정해진 전통을 가지고 있습니다.

그리고 각 가정도 성탄절에 무엇을 먹을지 전통을 따르고 있지요.

그렇게 성탄절이 되면 항상 같은 음식을 준비합니다.

특별한 분위기 속에서 성탄의 축제를 즐기고 싶은 마음은 누구에게나 분명히 자리하지요.

성탄절 만찬을 위해 우리는 당연하게 시간을 할애합니다.

식탁 위에는 초를 두어 장식하고요.

우리는 성탄절에 적어도 그러한 만찬의 식탁을 선물로 받게 되길 기대합니다.

우리는 서로가 서로를 위해 시간을 내며, 서로가 받은 선물을 즐깁니다.

여기에는 단순히 표면적인 즐거움을 넘어 더욱 깊이 바라봄으로써 깨닫게 되는 영적 의미가 있습니다.

좋은 음식을 통해 하나님의 친절과 선하심을 맛보기 때문입니다.

하나님은 구유 안의 아기를 통해 그분을 우리에게 보여 주실 뿐만 아니라, 음식을 통해 우리가 당신을 맛볼 수 있게 해 주십니다.

중세의 신비주의자들*은 '하나님의 감미로움'(von der Sueße Gottes)을 '달콤한 하나님'(라틴어. dulcedo Dei)이라고 표현했습니다.

우리는 감미로운 아기에 대해(von einem sueßen Kind) 이야기하고요.

곧, 성탄절에 우리는 달콤한 것(etwas Sueßes)을 먹으며, 아기 예수 안에서 우리에게 비치는 하나님의 사랑을 맛보길 기대합니다.

---

* 12세기 초 유럽 전역에 나타난 여성들의 영적 각성운동을 말한다. 그들은 수도원 밖에서 혼자 또는 공동체로 생활하며 신앙을 지켰고, 가난하고 병든 사람들을 도왔다. 그중 벨기에의 베긴회는 많은 기도처와 농장 등의 유산을 남겼고 유네스코 세계문화유산으로 등재되었다. 세상의 타락에 저항했던 여성들이 하나님을 '달콤한 하나님'으로 표현했던 것은 신앙의 아이러니이기도 하다.

그럼으로써 육신은 강해지고 활력이 생기며, 영혼에까지 스며들어 변화되기를 말이지요.

성탄 트리의 약속

16세기부터 시작된 전나무 장식*은 성탄절의 오래된 의식입니다. 겨울에도 푸른 옷을 입고 있는 전나무는 겨울의 추위에도 굴복하지 않는 신성한 생명력의 오래된 상징이지요.

기독교 전통에서 이 나무는 늘 푸르며, 그리스도를 집 안으로 모시는 빛의 나무로서 모든 걱정과 증오와 질투의 악령을 몰아내 준다고 보았습니다.

이 나무는 차고 어두운 겨울의 한복판과 같은 이 세상에 따뜻함과 빛을 가져다줍니다.

그리스도인들은 성탄절 전나무를 '생명의 열매'(Fruechte des

---

* 성탄절의 전나무 장식에 관한 유래는 너무도 다양해서 어떤 것이 맞다고 말하기 어렵다. 상록수 가지는 이미 고대에서도 죽음과 어둠에 대한 생명과 빛의 승리를 상징하는 동지 행사에서 사용되었을 정도로 역사가 깊다. 확실한 것은 16세기에 이미 유럽 각 나라에서 개인적으로 가정에 또는 성당과 마을에 다양하게 장식한 전나무가 세워졌다는 것이다. 16세기의 종교개혁자였던 루터의 방에도 장식된 바르바라 가지가 있었다는 기록이 있다.

Lebens)를 딸 수 있는 낙원의 나무로 생각했습니다.

이 생명의 열매는 고대로부터 나무에 달렸던 사과와 견과류 또는 낙원에서의 치유와 온전함을 나타내는 성탄 트리의 둥근 장신구로 표현됩니다.

성탄 트리는 하나님이 그분의 아들의 탄생을 통해 우리에게 주신 은혜의 나무에서 나는 싹입니다.

은혜의 나무에서 흐르는 기름으로 우리의 고통을 덜어 주십니다.

나무는 하늘과 땅을 연결하는 상징입니다.

나무는 땅속 깊이 뿌리를 내리고 있고, 모성을 지닌 땅에서 양분을 공급받습니다.

동시에 가지를 하늘로 뻗어 왕관처럼 펼칩니다.

이것은 나무처럼 뿌리를 내리고 있지만, 왕관을 쓴 왕처럼 당당하게 서 있는 인간의 모습을 상징합니다.

성탄 트리는 이렇게 하늘과 땅의 연결을 상징합니다.

성탄절에 하나님은 하늘과 땅의 경계를 허물고 땅 가운데 하늘이 보이게 나타나셨습니다.

또한 성탄 트리는 다시 싹이 트는 이미지를 입고 있습니다.

선지자 이사야가 기록한 대로, 이새의 줄기에서 새로운 싹이 날 것이라는 대림절 약속이 이루어졌음을 성탄 트리를 보며 기억할 수 있습니다.

실패하고 잘려 나가고 더이상 나아갈 길 없는 바로 그곳에 다시 새로운 것이 솟아오르고, 이전보다 더 진실하고 아름답게 자라날 것이라는 확신이 바로 그리스도의 탄생이 주는 의미입니다.

성탄 트리는 예수의 탄생을 통해 우리에게 주신 생명이 겨울의 강한 추위에도 위협 받지 않고 언제나 승리할 것을 상징합니다.

또한 남녀 간의 갈등이 이미 극복되었음을 상징하기도 합니다.

하나님이 태어나셨으니, 우리의 태생적 성별 차이와 그에 따른 대립보다 우리 모두 하나님의 신적 본성 안에서 하나라는 사실이 더욱 중요합니다.

전나무 가지는 아주 특별한 향기를 퍼뜨립니다.

이 향기를 맡으면 어린 시절 성탄절에 느꼈던 감정이 떠오릅니다.

그리스도의 탄생으로 우리 집과 내 방이 달라졌다는 것, 하나님이 가까이 오셔서 나의 집과 방에 거하신다는 사실을 느끼던 마음입니다.

그리고 그 신비가 우리 가운데 거하시기에 편안함을 느낄 수 있습니다.

전나무를 통해 우리는 숲 그대로를, 자연과 하나님의 모든 창조물을 집에 두게 되는 것입니다.

자연과 문명의 단절감은 사라지고, 모성을 지닌 대지에서 흘러나오는 힘을 집 안에서 느낍니다.

하나님의 성육신으로 인해 모든 창조물은 거룩하게 되었고, 인간도 그 안에 포함됩니다.

가족 축제

성탄절이 되면 사람들은 누구보다 행복하고 이상적인 가족으로 보이고 싶어합니다.

하지만 그런 욕구가 클수록 작은 의견 차이 하나로도 가족의 평화는 쉽게 깨어집니다.

아이들은 위선이 가득한 집안의 공기를 금방 눈치채지요.

우리가 바라는 '누구보다 행복한' 가족은 성탄절이라는 짧은 시간에 급히 만들어질 수 없습니다.

성탄절 후 첫 번째 주일은 '성가정 축일'(Fest der Heiligen Familie)*입니다.

---

* 성가족이란 요셉과 마리아, 그리고 예수를 가리킨다. 성가정 축일은 성탄절의 메시지를 음미하고자 하는 가톨릭 축제 중 하나이다. 예수께서 부모 없이 홀로 살 수 없었다는 것을 기억하며, 대부분의 사람들에게 가족은 여전히 인간적 삶을 형성하는 사회·정서적 틀이라는 것을 기억하는 축제이다. 비교적 최근인 19세기에 생겼고, 1969년 가톨릭의 달력 개혁을 통해 성탄절 후 첫 번째 주일로 자리잡았다.

성경에서 그리고 있는 이 가족은 결코 아름답거나 조화롭지 않다는 것을 알려 주는 시간입니다.

오히려 그들은 이상적인 가족과는 거리가 한참 멀어 보입니다.

박해와 도피의 이야기도 모자라, 부모가 걱정하는 줄도 모르고 성전에서 성경학자들과 토론하는 열두 살 예수의 이야기도 있으니 말입니다.

예수는 부모가 원하는 대로 따르는 착한 소년이 아니었습니다.

그는 자기 내면의 소리에 귀를 기울이며, 자신이 옳다고 느끼는 일, 아버지의 뜻이라고 깨달은 일을 합니다.

가정의 행복은 구성원들이 모두 함께, 그들의 생각을 초월하는 신비에 참여할 때만 이루어집니다.

자신들이 세운 계획대로만 성탄절을 보내지 않고, 인류의 축제가 되는 이날의 신비가 우리에게 어떤 의미인지를 받아들일 때 말이지요.

그러므로 성탄절은 우리에게 거룩한 가족의 모습을 가르쳐 주기 위해 있는 것이 아닙니다.

그보다, 가정 그 자체에 담긴 하나님의 신비와 가족 개개인이 지닌 신비로 인해 가정이 거룩하게 될 것이라고 약속합니다.

자신 안의 신비와 배우자 안의 신비, 그리고 자녀 안의 신비를 마음에 담아 살아가는 사람만이 가족 안에서 편안함을 느낄 수 있습니다.

편안함은 신비가 있는 곳에서만 느낄 수 있습니다.

성탄절은 우리의 가족 안에 하나님의 신비가 함께해야 한다는 것을 알게 해 줍니다.

슬픔이 기쁨과 섞인다면

성탄절은 사랑하는 사람들에 대한 기억과 감정이 극대화되는 시기라는 점에서, 기쁨보다는 슬픔이 앞서 찾아오기도 합니다.
지난 한 해 동안 사랑하는 가족을 잃은 사람들은 성탄절을 맞이하기가 두렵기도 합니다.
이 기간에는 죽은 이가 더 그리워집니다.
더욱 외로움을 느낍니다.

어떤 가족은 세상을 떠난 이가 다른 방식으로 자신들과 함께하고 있다는 상징으로서 성탄 트리 아래 촛불을 켜 둡니다.
돌아가신 어머니와 아버지로부터 전해지는 빛과 따뜻함을 새롭게 느끼기 위해 초에 불을 붙입니다.
성탄절에 특별히 사랑했던 가족과 연결되고, 고인의 사랑을 다시 느끼고 싶어 합니다.

디트리히 본회퍼는 성탄절을 보낼 때, 고인이 된 가족을 어떤 방법으로 기릴 수 있는지 알려 주었습니다.

그 방법은 성탄 트리의 가지 하나를 꺾어서 죽은 가족의 무덤 위에 올려놓는 것입니다.

이러한 방식으로, 하나님의 성육신으로 인해 영원한 생명을 얻게 되어 우리의 죽음이 지니는 의미도 바뀌었다는 믿음을 고백할 수 있습니다.

그뿐만 아니라 우리도 예수 안에 있는 영원한 것과 썩지 않을 것에 참여할 것이라는 소망을 선물합니다.

더 아름답고 더 찬란하게

성탄절에는 이사야 선지자의 말씀(이사야 52:9)으로 성탄의 기쁨을 전하는 전례가 있습니다.

"너 예루살렘의 황폐한 곳들아 기쁜 소리를 내어 함께 노래할지어다
이는 여호와께서 그의 백성을 위로하셨고 예루살렘을 구속하셨음이라."

하나님은 인간이 되신 예수 안에서 우리 안의 무너진 곳을 다시 세우십니다.
살다 보면 종종 부서진 파편 더미에 앉아 있는 느낌이 들 때가 있습니다.
인생이 우리 마음대로 흘러가지 않거든요.

성탄절에 하나님은 우리 삶의 이런 파편을 모아 새로운 사람, 우리를 창조하셨을 때 자신의 형상을 닮은 그 모습으로 빚으십니다.

이것이 우리가 기뻐할 이유입니다.

우리는 더이상 불타 버린 희망의 재 속에 머물 필요가 없습니다.

우리는 일어서 환호합니다.

하나님은 예수 안에서 우리를 위로하시고, 우리 인생의 집을 이전보다 더 아름답고 찬란하게 세우십니다.

3부 기쁨의 메시지

신성의 놀라움

마태는 복음서를 예수의 족보로 시작합니다.

요즘 들어 족보를 연구하는 일이 다시 유행하는 것 같습니다.

사람들은 자신이라는 존재의 뿌리를 알고 싶어 합니다.

우리는 역사에 속해 있고, 선조들이 물려준 능력을 실제로 가지고 있습니다.

이 사실은 매우 중요합니다.

마태는 예수의 족보에 어울리지 않는 네 명의 여성을 기록했습니다.

그들은 모두 이방인으로, 다섯 번째 여성으로부터 세대의 정상적인 흐름이 깨지는데, 그가 마리아입니다.

숫자 4는 지상의 요소입니다.

숫자 5는 이 세상 너머를 가리키며 세상을 초월하는 숫자입니다.

마리아로부터 이 세상을 넘어서는 신적인 세계로의 전환이 일어납니다.

마리아로부터의 예수 탄생은 우리 각자의 족보와 출신을 변화시킵니다.

하나님은 직접 우리의 가계 역사에 일하셨고, 지금도 여전히 역사하십니다.

자신의 과거에 매일 필요가 없습니다.

하나님은 오늘도 여전히 놀라운 일을 베푸셔서, 완전히 새로우면서도 하나님을 향하는 방향을 우리 삶에 제시해 주십니다.

인간다움이 나타나다

디도서에 기록된 성탄 소식에 관한 이 말씀은 매년 제게 깊은 감동을 줍니다.

> "우리 구주 하나님의 자비와 사람 사랑하심이 나타날 때에"(디도서 3:4).

라틴어로는 "Apparuit humanitas dei", 즉 "하나님의 인성이 나타났다"고 합니다.
인간다움, 곧 하나님의 인성은 예수 안에서 우리 모두를 향해 빛을 비추어 줍니다.
가톨릭 철학자 페터 부스트는 1941년 죽음 앞에 놓였을 때, 제자들에게 이 기록을 남겼습니다.
제3제국, 히틀러의 나치즘 그 비인간성에 반대하며 그는 예수 안에서 우리에게 드러나는 인간다움을 강조했습니다.

사람을 자본의 노예로 만들며 도구화하거나 착취 대상으로 삼는 오늘날에는 이 진정한 '인간다움'(Humanitas)을 더욱 마음에 새겨야 합니다.

우리는 더욱 인간적인 세상, 인간성이 모든 종류의 비인간화 경향에 맞서 승리하는 세상을 위해 성탄절을 기념합니다.

곧은 것과 굽은 것

마태가 알려 주는 예수의 탄생 이야기는 누가의 이야기만큼 낭만적이지 않습니다.
마태복음은 예수가 태어나기까지의 족보로 시작됩니다.
심지어 이 예수의 족보는 자주 끊기고, 온통 불규칙적입니다.
특히 네 명의 이방 여성은 족보를 더 혼란스럽게 만들고 있습니다.
예수는 그런 민족의 어지러운 역사를 치유합니다.

우리 각자도 어지러운 족보를 가지고 있습니다.
우리 인생을 돌아보면, 남들에게는 말할 수 없는 가족 안의 문제와 끊어진 관계, 어두운 면이 있기 마련이니까요.
심리학에서는 이렇게 말합니다.
우리가 그런 어둠에 머물면 우리는 삶에 만족하기 어려우며, 어두운 가족의 역사는 개개인의 역사에도 영향을 줄 것이라고 말이지요.

마태는 예수 탄생의 이야기를 갈등과 함께 시작합니다.

그리고 예수가 많은 갈등에 직면하고 있음을 계속해서 보여 줍니다.

마찬가지로, 하나님이 우리 안에서 더 많은 공간을 차지하실수록 우리는 더 많은 갈등에 직면하게 됩니다.

요셉은 약혼자인 마리아가 자신이 아닌 다른 남자로부터 생긴 아기를 임신했다는 상황을 직면했습니다.

유대법에 의하면 그는 그녀를 고발해야 하고, 그녀는 돌에 맞아 죽어야 합니다.

하지만 요셉은 의로운 사람이었지요.

그는 율법에 적힌 문자에서가 아니라 사람에게서 하나님의 의가 나타나야 한다고 믿었습니다.

그는 정의와 자비를 서로 연결시킵니다.

자신의 약혼자가 고발과 수치를 당하지 않도록 그녀와 조용히 헤어지기를 원했습니다.

이 순수하고 인간적인 고민에 사로잡힌 그에게 주의 사자가 등장하고, 꿈을 통해 그에게 일어난 일의 의미를 가르쳐 줍니다.

마리아는 다른 남자의 아기를 가진 것이 아니라, 그 아기는 성령의 역사로 잉태되었다는 것을 말입니다.

하나님은 요셉이 이해할 수 없었듯이 우리 이성을 뛰어넘는 사건에 친히 역사하십니다.
천사는 요셉을 하나님의 친구로 대하고, 그와 세상을 향한 하나님의 계획을 알립니다.
천사는 요셉에게 아기가 어디로부터 왔는지 설명합니다.
그리고 요셉에게 하나님의 아들인 아기의 사명이 무엇인지를 전합니다.
예수가 자기 백성을 그들의 죄에서 구원할 것이라고 말합니다.
그는 백성들을 모든 속박으로부터 해방시킬 것이라고 말입니다.
그는 단절과 어두움이 뒤섞인 우리의 삶도 회복시킬 것입니다.

마태가 이해하는 것처럼 마리아로부터의 예수 탄생은, 하나님은 구부러진 선 위에도 글을 곧게 쓰실 수 있는 분이라는 사실에 눈뜨게 합니다.
우리가 어떤 상황을 비판적으로 보더라도 하나님은 우리의 인간적인 생각을 넘어 친히 그분의 뜻을 이루십니다.

하나님은 종종 우리가 기대하던 것과 다른 방식으로 놀랍게 일하십니다.

우리는 저마다 영적인 삶을 계획합니다.
그리고 하나님의 뜻을 어떻게 이룰 수 있을지 생각합니다.
하지만 우리는 자주 삶에 대한 우리의 기대와 하나님의 뜻을 혼동합니다.
그때 꿈은 우리에게 완전히 다른 길을 보여 줍니다.
하나님은 그분의 뜻에 맞는 다른 길을 알리시고자 꿈을 통해 우리에게 말씀하십니다.
마태복음에서와 동일하게 여기에서 꿈이라는 공간은, 주의 천사가 우리 삶을 해석하고 우리에게 길을 보여 주고 우리를 진정한 삶으로 인도하는 공간입니다.
우리는 이 꿈을 그저 바라보는 것만이 아니라, 요셉처럼 그 꿈을 따라가야 합니다.

네 번의 꿈

마태는 예수의 탄생 이야기에서 네 번의 꿈을 소개합니다.

그 꿈에서 천사는 요셉과 동방박사에게 일어날 일의 의미를 설명하고, 각각의 사건 속에서 무엇을 해야 하는지 보여 줍니다.

그리고 천사는 신성한 아기를 위협으로부터 보호하기 위해 꿈을 통해 그의 성장 과정에 함께합니다.

마태는 이 네 번의 사건이 모두 구약 선지자의 말과 연결되어 예수 안에서 성취되었음을 강조합니다.

이것이 마태복음의 특징입니다.

그는 반복해서 이런 공식을 사용하거든요.

> "이는 주께서 선지자로 하신 말씀을 이루려 하심이라"(마태복음 1:22, 2:23).

예수께서 처음으로 등장하시고 새로운 가르침을 주셨을 때, 다음의 말씀이 성취되었습니다.

"흑암에 앉은 백성이 큰 빛을 보았고"(이사야 42:7, 마태복음 4:16).

예수께서 아픈 자를 고치셨을 때는 이 말씀이 성취되었습니다.

"그는 실로 우리의 질고를 지고"(이사야 53:4).

그리고 예수께서 죄인들과 먹고 마실 때는 하나님의 종에 관해 선지자가 한 말씀이 현실이 되었습니다.

"그는 상한 갈대를 꺾지 아니하며"(이사야 42:3, 마태복음 12:20).

첫 번째 꿈을 통해 보여 주는 예수님의 탄생에 대한 말씀은 이렇습니다.

"보라 처녀가 잉태하여 아들을 낳을 것이요 그의 이름은 임마누엘이라 하리라"(이사야 7:14, 마태복음 1:23).

하나님은 예수 안에서 새로운 시작을 하십니다.

그는 우리 역사를 직접 이끌어 가십니다.

예수 탄생으로 하나님은 우리의 삶 안에 들어오십니다.

그리고 그는 우리의 길에서 떠나지 않으실 것입니다.

마태는 높이 오르신 예수님의 말씀으로 복음서를 마무리합니다.

> "볼지어다 내가 세상 끝날까지 너희와 항상 함께 있으리라 하시니라"
>
> (마태복음 28:20).

하나님은 예수 안에서 영원히 지속될 일을 시작하셨습니다.

누구도 다시는 혼자가 아닙니다.

하나님 안에서 우리와 함께하시는 예수는 죽음으로 우리 인생의 끝이 올 때까지 삶의 모든 갈등에도 불구하고 각 사람과 동행하실 것입니다.

그뿐만이 아닙니다.

우리는 죽음 속에서도 하나님이 우리와 함께하신다는 것을 경험하게 될 것입니다.

꿈은 현실이 되고

★

마태복음에서 예수 탄생에 대한 꿈은 중요한 의미를 가집니다.

요셉은 꿈을 통해서야 비로소 자기 약혼녀와 그녀의 임신에 대한 신비를 깨닫습니다.

무슨 일이 일어난 건지 그의 이성으로는 받아들일 수 없었습니다.

하지만 그는 꿈을 통해 마리아와 어린 아기를 어떻게 대해야 하는지 바른 해결책을 얻었습니다.

또한 동방박사들도 꿈을 따릅니다.

별과 꿈은 그들에게 새로 태어난 왕의 아들에게로 가는 길을 안내합니다.

그리고 다시 집으로 돌아갈 때는 다른 길로 가야 한다는 것도 꿈속에서 듣게 됩니다.

성탄절에 일어나는 일은 꿈과 같습니다.

한낮의 꿈이나 환상이 아니라 만족스럽고 새로운 삶에 대한 우리의 꿈이 현실이 되는 것입니다.

우리의 꿈은 마태와 누가가 예수의 탄생을 알릴 때 사용한 것과 같은 언어로 말합니다.

우리의 꿈속에는 우리 내면에서 분출되는 새로운 것으로 안내하는 아이들이 있습니다.

하늘에서 반짝이는 별도 있고 하늘에서 내려와 메시지를 전하는 별도 있습니다.

왕과 목자들이 있고, 소와 나귀도 있습니다.

우리의 꿈에는 처녀가 아기를 낳는 일도 있습니다.

이 아기는 하나님의 선물로 주어졌습니다.

성경이 실제로 일어나지 않은 일에 대해 말하고 있다는 뜻이 아닙니다.

성경은 우리의 꿈과 닮은 언어로 이야기할 뿐입니다.

만약 우리가 요셉처럼 우리의 꿈을 믿는다면, 우리는 성탄절의 신비를 이해하게 됩니다.

그렇다면 우리는 이제 그때 베들레헴에서 일어난 일이 사실인지 이성적으로 고민할 필요가 없습니다.

그것은 중요하지 않습니다.

꿈이 우리에게 말하는 것이 현실이 됩니다.

하나님이 사람이 되고, 우리의 삶은 변화됩니다.

새로운 삶이 시작되고, 우리의 밤은 단번에 환해집니다.

천사들이 노래합니다.

성탄절은 꿈이 현실이 된다는 의미도 있습니다.

우리는 우리의 꿈에 새로운 신뢰를 가집니다.

꿈은 단지 거품이 아닙니다.

꿈은 우리 안에 실제 일어날 일들에 대해 보여 줍니다.

꿈은 항상 기쁨의 전달자입니다.

하나님은 친히 당신 안에서 새로운 것을 창조하십니다.

당신은 하나님과 직접 닿아 있습니다.

하나님께서 일하신다는 것은 다음과 같은 의미입니다.

당신은 모든 것을 혼자 해결하지 않아도 되고, 다른 사람들에게 기대할 필요도 없습니다.

당신 안에는 하나님의 자녀를 낳는 처녀가 있습니다.

당신 안에는 새로운 시작이 있습니다.

하나님이 당신의 출생과 함께 당신에게 계획하신 원래의 그림이

삶의 한밤중에도 별처럼 환하게 빛납니다.

당신은 당신 자체로 독특하고 특별합니다.

당신 안에서 성탄절의 기적이 일어납니다.

하나님의 치유가 내 가까이에

마태복음에서 예수 탄생 이야기의 중심이 되는 단어는 '임마누엘'입니다.

하나님은 우리와 함께하십니다.

하나님은 예수 안에서 우리와 함께하시고 우리를 위하십니다.

그는 우리의 길을 함께 걸으십니다.

우리가 홀로 있을 수 있는 곳은 없으며, 예수께서 겪으셨던 것처럼 질병이나 고난도 예외는 아닙니다.

예수의 모든 운명은 이 단어 '임마누엘'로 연결되어 있습니다.

부활하신 주는 이렇게 작별의 인사를 건네십니다.

> "볼지어다 내가 세상 끝날까지 너희와 항상 함께 있으리라 하시니라"
> (마태복음 28:20).

예수께 일어난 모든 일, 그리고 또한 우리에게 일어날 수 있는 모든 일을 이 약속에 비추어 보아야 합니다.

그때 우리의 모든 두려움이 사라집니다.

그러면 하나님의 치유와 사랑이 가까이 있다는 기쁨이 우리 마음에 함께할 것입니다.

사람의 몸이 되셨다는 것은

★

하나님은 단지 인간이 되신 것만이 아닙니다.

예수는 우리 몸을 취하셨고, 사람의 몸을 통해 하나님의 영광이 드러나도록 하셨습니다.

하나님이 사람의 몸이 되셨습니다.

이것은 하나님이 우리가 피곤하게 일하는 곳에서, 때로는 힘이 넘치는 곳에서, 우리가 배고프고 목말라 지쳐 있는 그곳에서 우리와 만나 주신다는 것을 의미합니다.

시편 기자는 이렇게 노래합니다.

> "내가 간절히 주를 찾되 물이 없어 마르고 황폐한 땅에서"(시편 63:1).

성탄절의 약속은 이렇습니다.

하나님이 당신의 육체적 갈망을 채우시면, 그 육체는 꽃을 피울 것입니다.

하나님이 당신의 육신을 변형시키시면, 그 육신은 하나님의 빛을 이 세상에 비추는 진주가 될 것입니다.

어느 한 교부가 표현했듯이 당신의 몸에 '형언할 수 없는 빛이신 주님을 담은 값진 진주'를 품는 것입니다.

성탄절의 신비

깊은 밤중에 한 마구간에서 아기가 태어납니다.
천사의 영광이 목자들에게 비치며 구세주의 탄생 소식이 전해집니다.
요한은 신비로 가득 찬 말씀으로 하나님의 성육신에 담긴 비밀을 기록합니다.

> "말씀이 육신이 되어 우리 가운데 거하시매"(요한복음 1:14a).

그가 우리 안에 자신의 장막을 치셨고, 우리는 그 안에서 하나님의 영광을 봅니다.

> "우리가 그의 영광을 보니 아버지의 독생자의 영광이요 은혜와 진리가 충만하더라"(요한복음 1:14b).

썩고 죽게 될 우리 육체에 하나님이 자신을 담으셨습니다.

자신의 신성한 씨앗을 우리 죽을 육신에 심으셨습니다.

우리가 있는 곳에서 그분을 만날 수 있도록 약하고 썩어질 육신으로 오셨습니다.

우리는 우리의 약함에서 하나님의 능력을 경험하고, 우리의 죽게 될 육체에서 그분의 영원함을, 우리의 어두움 속에서 그분의 영광을 경험합니다.

여기 성탄절의 신비를 분명하면서도 감동적인 언어로 고백하는 기도가 있습니다.

> "전능하신 하나님, 당신은 인간을 당신의 존엄으로 놀랍게 창조하시고, 더욱 놀랍게 회복시키셨습니다.
> 당신의 아들이 인간의 본성을 취하셨듯이, 우리도 그의 신성에 함께 참여하게 하옵소서."

그리스도인들은 성탄절에 하나님이 인간을 놀랍게 창조하셨음을 고백합니다.

하나님이 인간을 창조하셨을 때, 모든 것이 보시기에 좋았습니다.

그분의 형상을 따라 우리를 남자와 여자로 창조하셨습니다.

하지만 이 순결한 하나님의 형상은 우리 자신으로 인해 어두워졌습니다.

그래서 하나님은 우리가 당신의 참된 아름다움 안에서 원래의 형상을 밝힐 수 있도록 그분의 아들을 우리에게 보내셨습니다.

하나님이 태초부터 계획하셨던 인간의 원형이 예수 안에서 드러납니다.

왜곡되지 않고, 요란한 감정에 흐트러지지 않으며, 과잉과 탐욕에 무너지지 않는 모습 말이지요.

바로 지금 우리 시대야말로, 이러한 인간의 참된 원형이 더욱 분명히 드러나야 할 때입니다.

미디어는 정반대의 모습을 강요하기 때문입니다.

성공, 냉혹함, 타인을 고려하지 않는 이미지, 그리고 차갑게 계산기만 두드리거나 겉보기 그럴싸한 자아도취의 이미지 말입니다.

사랑의 하나님은 예수 안에서만 드러납니다.

강력하고 힘센 이미지로서가 아니라 작은 아기의 약함으로, 사랑의 하나님은 그렇게 예수 안에서 계시됩니다.

우리 삶은 변화되었습니다.

우리는 예수의 얼굴에서 하나님과 동행하는 삶의 영광을 보았을 뿐만 아니라, 하나님의 인성에 동참하게 되었습니다.

우리 본성은 변화되었습니다.

우리 본성은 신성한 삶, 빛, 그리고 힘으로 채워졌습니다.

그리스인들은 이것을 성탄절의 기쁜 소식으로 이해했습니다.

우리는 더이상 병과 죽음에 지배당하며 죽을 수밖에 없는 나약한 존재가 아닙니다.

우리는 우리 안에 썩지 않을 씨앗, 신성한 생명을 가지고 있습니다.

자신의 내면을 들여다볼 때 우리는 지난날의 상처와 생각과 감정을 담대하게 직면할 수 있을 뿐만 아니라, 우리 영혼의 바탕이 되는 하나님이 주신 생명, 사랑, 깨달은 진리, 그리고 아름다움을 마주할 수 있습니다.

신성한 생명으로 채워진다는 표현은 그리스인에게 치유, 해방, 구원을 의미했습니다.

이 생명은 우리의 상처를 치유합니다.

그것은 우리가 의존성에서 벗어나게 만들어, 살아지는 것이 아니라 스스로 살아갈 힘을 줍니다.

그리고 존재의 공허함과 무의미함에서 자유하게 합니다.

우리 삶에 새로운 맛을 내 줍니다.

성탄절 메시지는 그 맛을 사랑과 평화의 맛이라고 말합니다.

마구간

그리스도는 마구간에서 태어났습니다.

심리학자 융은 이를 대단히 중요한 상징으로 여깁니다.

그는 우리 자신이 하나님이 탄생하시는 마구간이라는 점을 항상 기억해야 한다고 말합니다.

우리는 궁전도 아니고, 아름답게 꾸민 새 집도 아니며, 편안한 거실도 아닙니다.

우리는 각자 마구간과 관련된 여러 경험과 감정에 연결되어 있습니다.

자신이 어렸을 때 학교가 끝나면 줄곧 마구간으로 달려갔다는 이야기를 들려준 사람이 있습니다.

그녀에겐 그곳이 집처럼 편안하게 느껴졌다고 합니다.

마구간 냄새는 고향의 편안함을 느끼게 합니다.

마구간에는 동물들이 있습니다.

동물에게도 삶이 있지요.

그곳에서 태어나기도 하고, 죽기도 하고, 걱정도 합니다.

마구간에는 그들의 높음과 낮음이 함께하는 일상이 있습니다.

아이들은 동물과 친밀하게 교감합니다.

동물은 아이들이 쓰다듬는 손길을 받아들이고, 그 손길에 자신을 맡깁니다.

동물은 인간보다 더 참을성이 있습니다.

동물은 아이들이 하는 이야기를 듣습니다.

그리고 마구간은 언제나 따듯합니다.

동물들은 겨울에도 그들의 체온으로 마구간을 따뜻하게 합니다.

한편 마구간은 깨끗하지 않습니다.

짚과 건초, 오물과 쓰레기가 섞여 있습니다.

매번 청소하더라도 금세 새로운 오물이 쌓입니다.

오물은 밭을 위한 거름으로 사용됩니다.

이것은 우리 내면의 모습이기도 합니다.

우리 마음은 순수하지도 않고, 무균한 상태는 더욱 아닙니다.

쓰레기가 많이 쌓여 있습니다.

우리가 눌러 놓았던 모든 것이 표면 아래 숨어 썩고 있습니다.

하나님은 그렇게 쓰레기가 가득한 우리 안에서 태어나기를 원하십니다.

물론 하나님께 깨끗한 방이 아닌 우리 마음의 더러운 마구간을 내어 드리기란 마음이 아주 불편한 일입니다.

하지만 이것은 우리가 완전한 준비 상태로 하나님의 탄생을 맞이해야 한다는 잘못된 환상으로부터 우리를 놓아 줍니다.

하나님은 우리 안에서 탄생하실 것입니다.

그분이 우리를 사랑하시기 때문이지, 우리에게 하나님께 보여 드릴 만한 깨끗한 방이 있어서가 아닙니다.

우리는 우리 모습 그대로 그리스도를 위한 거처가 될 수 있다고 믿을 수 있습니다.

그분은 우리뿐만 아니라 이 세상을 위해 마구간에서 태어나셨습니다.

나는 여기 당신의 구유 앞에 서 있네

★

누가는 예수 탄생 때 예수를 누였던 구유를 묘사합니다.

> "첫아들을 낳아 강보로 싸서 구유에 뉘었으니 이는 여관에 있을 곳이 없음이러라"(누가복음 2:7).

이 구유는 그 안에서 하나님의 영광으로 빛나는 아기의 가난을 상징합니다.

예술가들은 아주 다양한 모양으로 이 구유를 표현했습니다.

동방에서는 종종 마치 관처럼 보이는 돌로 된 구유를 볼 수 있습니다.

그리고 아기는 마치 시신처럼 감싸져 있습니다.

그 구유는 예수님의 무덤을 상징하는 것이 분명해 보이고, 예수는 부활을 통해 그 무덤에서 다시 태어났습니다.

그곳에서 죽음은 언제나 극복됩니다.

그리스도의 탄생은 우리가 죽음 저 너머의 생명으로 다시 태어나게 합니다.

성육신, 고난, 그리고 부활은 하나입니다.

파울 게르하르트는 이런 시*를 썼습니다.

> 나는 여기 당신의 구유 앞에 서 있네.
> 오 예수, 나의 생명이여.

이 시는 평화롭다기보다, 기도자가 계속해서 절을 이어 기도할 때 소망을 담는 근거가 됩니다.

> 나는 깊은 죽음의 밤에 놓여 있네.
> 당신은 나의 태양이었음을.

디트리히 본회퍼는 테겔 감옥에서 이 노래를 깊이 묵상했고, 1943년 네 번째 대림절 주일에 자신의 친구였던 에버하르트 베트게**

---

* Paul Gerhardt, 「Ich steh an deiner Krippen hier」, 1653.
** 에버하르트 베트게(1909-2000)는 본회퍼와 동시대를 살았던 신학자였다. 본회퍼를 만난 후 가까운 친구가 되었고, 제국교회에 저항하는 고백교회의 일원으로 함

에게 이런 편지를 썼습니다.

이 시의 한마디 한마디가 충만하고 아름답지 않은가.

약간은 수도사와 같고 신비롭지만, 그것은 시의 정당성을 잃지 않을 정도라네.

이 시에는 '우리'뿐만이 아니라 그 옆에는 '나'와 '그리스도'가 있으며, 그것이 의미하는 바를 이 노래보다 더 잘 표현할 수는 없을 걸세.***

께 활동했다. 나치에 반대하다가 체포되어 수감되기도 한 그는 후에 본회퍼의 책을 출간하고 전기를 쓰기도 했다.
*** "예수님은 공동체로서의 '우리'를 넘어 소중한 한 사람인 '나'를 위해 이 땅에 오셨음"을 이 마지막 문장에 표현한 것이다.

우리 중 하나

구유에 누인 아기의 의미는 예수가 이미 자신의 출생에서부터 이 세상의 가난한 자들과 연대하고 있다는 것, 그리고 그가 가난한 사람들의 얼굴로 우리에게 나타난다는 것입니다.
아기 예수는 동물들의 먹이를 담아 놓는 구유에서 나셨습니다.
사람들이 그를 받아들이지 않았기 때문입니다.
하지만 동물들은 그에게 구유를 내어 주었습니다.
그들은 예수를 받아들입니다.

대개 사람들은 도움을 주어야 할 때 생각도 많아지고 고민에 빠집니다.
반면 많은 생각을 하지 않고 돕는 사람들도 있습니다.
마치 반사적으로 행동하듯 말이지요.
그들은 누군가가 어려움에 처했을 때, 필요한 행동으로 돕는 것을 당연하게 여깁니다.

이런 사람들은 그 상황에 대해 오래 생각하기보다는, 도움이 필요한 사람들 안에서 성육신하신 하나님의 아들을 봅니다.

소와 나귀

언젠가부터 예수의 탄생 장면에는 늘 소와 나귀가 등장합니다.

누가는 이 두 동물을 언급한 적이 없는데도 말입니다.

이 두 동물은 여러 가지 방법으로 해석되었습니다.

그레고어 폰 니사(?-394)*는 소가 유대인을 상징한다고 보았습니다.

소가 멍에에 매여 있는 것처럼, 유대인도 유대 율법에 매여 있기 때문입니다.

나귀는 우상숭배의 짐을 지고 있기 때문에 이방인을 상징하고요.

소와 나귀 사이에는 유대인과 이방인을 그들의 멍에와 짐에서 해방시키는 신성한 아기가 놓여 있습니다.

물론 다른 해석도 열려 있지만, 이 상징적 해석은 충분한 의미가 있습니다.

---

* 그레고어는 4세기의 뛰어난 신학자로서 카파도키아 니사 교구의 주교가 되었다. 교육에 열정적이었고, 삼위일체, 기독론 등의 교리를 발전시켰다. 381년의 콘스탄티노플 회의에서 주요 신학적 논제들을 발표하기도 했다.

즉, 사람들이 서로 논쟁하며 성육신의 비밀을 깨닫지 못하는 동안, 동물들은 그리스도에 대한 감수성을 가지고 있다는 상징으로도 볼 수 있지요.

또한 우리는 오늘날의 심층심리학적 관점에서 이 동물들을 인간의 욕망과 본능의 상징으로 이해할 수 있습니다.
때로는 우리의 욕망과 본능이 예수 그리스도를 통해 우리에게 나타난 하나님의 성육신의 비밀을 더 잘 이해하게 해 줍니다.
욕망은 영적 본성으로 변화되고, 본능은 지혜로 바뀔 수 있습니다.
욕망과 본능을 억누르고 이성적으로만 사는 사람은 모든 것을 머리로 통제하고 결정하고 싶어 합니다.
그런 사람은 자신의 가능성을 놓치며 살 수밖에 없습니다.
자신에게서 어떤 새로운 탄생도 보지 못하며 스스로를 소외시킨 채 현실에 안주하고 맙니다.
욕망과 본능을 통하지 않고는 삶의 새로움이나 새로운 탄생도 없습니다.

마구간의 소와 나귀는 지나치게 이성적인 생각을 내려놓고 우리 안의 동물적 본성으로 겸손히 돌아서도록 우리를 초대합니다.

구유에 누인 아기를 받아들이기보다 그저 사실을 분석하려는 이성에 비해, 소와 나귀가 이 신성한 아기와 더 가까이 있습니다.

본능과 영적 본성은 모두 인간의 완전한 속성에 속하며 서로 신비로운 관계를 맺고 있습니다.

두 속성 없이 인간은 자아를 찾을 수가 없습니다.

소와 나귀가 신성한 아기를 그들의 숨결로 따뜻하게 한다는 것은 이런 상징적 의미가 될 것입니다.

인간의 자연적이고 본능적인 것이 영혼을 따뜻하게 하고 양분을 공급한다는 사실과 우리 안의 영적인 부분도 이로 인한 생명력이 없다면 차게 굳어진다는 것 말이지요.

소와 나귀는 상징의 차원에서 이렇게도 말할 수 있습니다.

욕망과 본능은 단지 긍정적인 힘을 말하는 것만은 아니라고 말입니다.

욕망과 본능은 율법의 무료함, 경직됨, 완고함과 우상숭배의 짐을 상징하기도 합니다.

고집스럽게 앞을 바라보는 소와 짐 아래서 힘겨워하는 나귀는 우리가 아는 우리 삶의 모습입니다.

우리는 종종 좌우를 살피지 않고 고집스럽게 걸어갑니다.

그리고 제대로 측량하지도 않은 채 많은 짐을 짊어집니다.

그리스도는 율법이 인정하는 경건함 속에 아이로 태어나셨습니다.

하지만 법에 얽매이지 않습니다.

그 아이는 자신의 자발적인 사랑으로 모든 법을 던져 버립니다.

그리고 아이는 우상숭배로 가게 될 부담에서 자유합니다.

하나님을 우리에게 끌어내리고, 우리 자신이 신이 될 수 있다고 생각함으로써 영적 우월감을 좇아 선택하는 금욕주의를 위한 노력도 하지 않습니다.

아이는 모든 것을 세상의 무게에 억눌리지 않고 가볍게 받아들입니다.

우리에게 짐을 지우기보다, 세상에 대하여 자유한 존재로서 아이들만이 가지는 가벼움을 가르쳐 줍니다.

크리스마스는 사랑의 자발성과 존재의 가벼움, 이 두 가지 모두를 우리에게 보여 줍니다.

구유 신앙

어린 시절의 저는 구유에 누워 있는 아기를 생각할 때마다 낭만적이고 평화로운 느낌을 받았습니다.
마치 고향에 온 것 같은 느낌이 들었지요.
우리는 구유를 만들곤 했습니다.
그리고 착한 일을 할 때마다 지푸라기를 넣었습니다.
하나님의 아들이 더 편안하게 누울 수 있도록 말입니다.
정말이지 천진난만한 어린아이의 마음이었지요.
하지만 자발적으로 신성한 아기를 위해 구유를 준비하며, 마음에 하나님이 태어나실 수 있는 장소를 만드는 일이었다는 것만큼은 분명합니다.

우리 마음이 진정한 구유입니다.
자장가가 어린아이를 위해서만 있는 것은 아닙니다.
헨델, 바흐, 코렐리 그리고 만프레디니의 목자에 대한 곡도 자장가의 리듬을 품고 있습니다.

저의 크리스마스 의식 또 하나는 <크리스마스 오라토리오>의 아리아 곡에 맞추어, 손을 가슴 위에 포개고 몸을 앞뒤로 흔드는 것입니다.

"잘 자라, 사랑하는 아기야, 평화를 누려라."

그러면 신성한 아기가 마치 마음속 구유에 누워 있다는 느낌이 듭니다.

그 흔들림 속에서 마음의 평안이 찾아옵니다.

구유에 누워 있는 아기로부터 온 안정감과 온화함이 전해집니다.

내면에 깊은 평화가 퍼집니다.

그리고 제 마음속에 그 온화한 아기처럼 사랑이 자리잡고 있음을 느낍니다.

마음속 신성한 아기를 보며 사랑이 더 넘치는 사람이 됩니다.

이런 모습이 처음에는 낯설게 느껴지더라도, 한 번쯤은 시도해 볼 만합니다.

그것이 얼마나 깊은 평화로, 온화한 사랑과 안전함으로 우리를 이끄는지 경험할 수 있을 것입니다.

여관의 자리

"여관에는 그들이 머무를 방이 없었기 때문에"(누가복음 2:7, 공동번역).

마리아는 예수를 구유에 누여야 했습니다.
어린 시절부터 제게 '여관'이라는 단어는 늘 울림을 주었습니다.
이 단어는 나에게 '안전함', 그리고 '고향'과 같은 느낌을 줍니다.
독일어 단어 'Herberge'(여관)는 원래 군대가 머무를 수 있는 장소를 의미합니다.
'Bergen'은 'Berg'(산)에서 유래하며, '안전을 유지하다, 피난처에 머물다, 보호하다'라는 뜻을 가지고 있습니다.
그러니 여관은 군대가 전쟁에 나가면서 안전하게 야영을 할 수 있는, 적으로부터 보호받을 수 있는 장소이기도 합니다.
이것은 우리 내면의 실재를 반영한 아름다운 이미지입니다.
여관은 내 안에 있는 군대, 내 안의 모든 싸우고자 하는 힘으로부터 쉼을 얻고, 싸움을 멈추게 하는 약속의 장소입니다.

여관은 지금껏 싸우던 세력들이 서로 휴식을 취하도록 합니다.

우리에겐 저마다 갈망이 있습니다.
내면의 끝없는 싸움이 한 번쯤은 멈추기를, 평화를 찾고 삶을 즐길 수 있기를 바랍니다.
우리 삶을 가로막는 수많은 적들로부터 걱정 없이 삶을 즐길 수 있기를 바랍니다.
여관은 그런 내 안의 갈망을 채워 줄 수 있는 곳입니다.
피난처로 삼을 수 있고, 안전하게 보호를 받을 수 있고, 편안한 집에 있다는 느낌을 받을 수 있는 곳입니다.

여관은 또한 여행자들을 위한 쉼터이기도 합니다.
길을 가다가 잠시 머무를 수 있는 곳, 바람과 날씨, 그리고 위험한 사람들로부터 보호 받을 수 있는 지붕과 공간이 있는 장소입니다.
그래서 이 단어는 우리가 순례하는 존재임을 알려 줍니다.
우리도 마리아와 요셉처럼 길 위에 있고, 여행하는 사람입니다.
우리는 머무를 곳이 없는 순례자입니다.

물론 잠시나마 안전하게 보호 받을 수 있는 곳으로, 우리에게 여관을 내어 줄 사람들을 계속해서 만날 것입니다.

하지만 여관은 계속 머물 수 있는 집이 아닙니다.

우리는 안정감과 불안정감의 긴장 속에 살아갈 수밖에 없습니다.

우리가 우리 고향을 찾아가는 길에 만나는 모든 여관은 천국의 영원한 여관을 알려줍니다.

장례예배의 전례에서 노래하듯이 말입니다.

> "이 땅의 여관이 무너질 때, 우리에게는 하늘에 영원한 집이 준비되어 있네."

모든 여관은 일시적일 뿐, 영원하지 않습니다.

하나님이 우리를 영원한 집으로 맞이해 주실 때, 그때 우리는 비로소 영원한 곳에 거하게 됩니다.

그곳은 더이상 옮겨 다녀야 하는 여관이 아닌 우리가 영원히 거할 집이 될 것입니다.

목자의 시선

복음서의 증언에 따르면 목자들은 메시아 탄생의 첫 번째 증인입니다.

새롭게 태어날 메시아에 대한 소식은 권력자나 서기관이 아닌 목자들에게 전해졌습니다.

당시 목자들의 이미지는 낭만적이거나 긍정적이지만은 않았습니다.

랍비 요세 벤 하니나는 "세상에서 목자만큼 멸시 받는 직업은 없었다"고 말했습니다.

이러한 배경에서, 멸시 받는 목자들에게 전해진 메시아 탄생 소식은 하나님의 아들이신 예수의 '가난'을 강조합니다.

그래서 자기 자신을 미워하는 모든 사람에게 그리스도 탄생의 메시지는 의미가 있습니다.

그들은 자기 자신을 인정하지 못했지만, 그럼에도 불구하고 아들의 탄생을 통해 그들에게 '큰 기쁨'을 선포하시는 하나님을 경험합니다.

바로 그들을 위해 하늘이 열리고, 하나님의 천사가 밝은 빛과 부드러운 사랑으로 그들을 감쌉니다.

반면, 유대교와 헬라 전통에서는 모두 목자들에게 긍정적인 이미지를 가집니다.

족장들도 목자였고, 모세와 다윗도 목자였습니다.

하나님도 우리를 좋은 초장에서 먹이시는 목자입니다(시편 23편).

하나님은 또한 백성들에게 목자인 메시아의 탄생을 약속하셨습니다(미가 5:4).

그리스인들도 목자들이 왕의 아기를 발견하는 이야기의 모티브를 알고 있습니다.

작가 베르길리우스는 하나님이 목자들에게 종종 큰 비밀을 알려주신다고 생각했습니다.

신학자 오리게네스도 베르길리우스의 이러한 시각을 받아들였습니다.

그는 목자들이 순수하고, 하나님의 말씀에 민감했기 때문에 천사가 가장 먼저 기쁜 소식을 전했다고 믿었습니다.

여러 문화에서 목자는 사려 깊고 배려심이 가득한 이상적인 아버지 이미지를 가지기도 합니다.

제 어린 시절을 기억해 보면, 목자들은 경외심을 불러일으켰습니다.

목자들은 밤을 지킵니다.

그들은 기꺼이 한밤중 안으로 들어갑니다.

그들은 강도나 야생동물을 두려워하지 않습니다.

그들은 다른 사람들이 잠을 자는 동안 깨어 있습니다.

그들은 밤, 어둠, 그리고 신비로움에 익숙합니다.

그들은 사자와 늑대로부터 양들을 보호합니다.

돌봄은 어머니의 성품이기도 합니다.

목자들은 양들을 걱정하고 지킵니다.

예수님도 자신을 가리켜 자기 양들을 위하여 목숨을 버리고 자기의 모든 양을 아는 좋은 목자라고 하셨습니다(요한복음 10: 11, 14).

목자는 기꺼이 밤으로 들어갈 뿐만 아니라 자연과도 더 가까이 있습니다.

그들은 생명에 대한 감수성을 지녔습니다.

그러므로 그들은 한밤중에 동물들 사이에서 일어난 하나님 탄생의 신비에 열려 있을 수 있었습니다.

목자들의 음악

성탄절은 목자들의 노래를 포함합니다.

코렐리와 만프레디니의 성탄절 콘서트, 바흐의 성탄절 오라토리오 신포니아, 그리고 헨델의 <메시아> 중 파스토랄은 시칠리아 리듬으로 아브루첸(Abruzzen)에 있는 목자들의 음악을 떠올리게 합니다.

그것들 안에는 무언가 감동이 있습니다.

안정과 사랑을 전해 줍니다.

목자들의 음악은 목자들이란, 삶을 이해할 줄 아는 사람으로, 그리고 사랑의 친밀함을 누리는 사람으로 묘사합니다.

그들은 사랑과 가까이 있어서, 그리스도의 탄생에 담긴 하나님 사랑의 비밀을 발견했습니다.

천사가 목자들에게 향하고, 그들에게 메시아의 탄생을 알렸다는 것은 놀라운 일이 아닙니다.

그들은 "주께서 우리에게 알리신 바 이 이루어진 일을 보자 하고"

(누가복음 2:15) 즉시 길을 나섰습니다.

그리고 그 아이와 부모를 보고 돌아가는 길에 하나님을 찬양했습니다.

예술가들은 목자들의 경배를 특별히 사랑스럽게 묘사했습니다.

그들은 굳은살이 박힌 손을 모아 기도했고, 그때 그들의 거친 얼굴은 환하게 빛났습니다.

모든 나라의 성탄 구유 장식을 보면, 구유의 아기에게 자신들이 준비한 것을 가져와 선물하는 사랑스런 목자들이 있습니다.

오늘날 우리도 이 목자들에게서 우리 자신을 발견할 수 있습니다.

바로 우리가 우리 손을 하나님의 아들에게 내밀 때입니다.

노동으로 거칠어지고 상처투성이인 손, 약한 손, 그리고 심지어 모든 것을 놓쳐 버린 빈손이라 할지라도 말입니다.

어떤 성과도, 선물도 필요하지 않습니다.

빈손이면 충분합니다.

이것이 성탄절 풍경을 통해 우리에게 전하는 목자들의 메시지입니다.

크리스마스 천사

천사들은 성탄 이야기에서 중요한 역할을 합니다.
천사 가브리엘은 마리아에게 아들이 태어날 것이라고 전합니다.
한 천사는 목자들에게 기쁜 소식을 전합니다.

> "오늘 다윗의 동네에 너희를 위하여 구주가 나셨으니 곧 그리스도 주시니라"(누가복음 2:11).

그리고 하늘의 천군이 천사와 함께 노래합니다.

> "지극히 높은 곳에서는 하나님께 영광이요 땅에서는 하나님이 기뻐하신 사람들 중에 평화로다"(누가복음 2:14).

한 천사는 요셉의 꿈에 계속 나타나 어떤 일이 일어났는지, 그리고 어떻게 해야 하는지 알려 줍니다.

천사가 없는 성탄 장면은 상상할 수가 없습니다.

천사들은 사람들에게 하나님의 말씀을 전하고, 하나님의 도움과 치유가 가까이에 있다는 걸 보여 줍니다.

그들은 인간의 삶에 개입하여 위험으로부터 보호하고, 그들이 가는 길을 지키며, 꿈에서 대화도 합니다.

천사들은 하늘과 땅을 서로 연결해 인간을 위해 하늘을 열고, 인간의 삶에 하늘의 빛을 비춥니다.

주의 천사가 목자들에게 나타났을 때, 하나님의 영광이 그들을 둘러쌌습니다.

하나님의 영광이 그들을 비춥니다.

그들의 삶은 밝아지고 치유됩니다.

하지만 누가복음의 천사들은 날개 달린 귀여운 어린아이가 아닙니다.

천사를 본 목자들의 반응은 두려움, 충격, 놀람이었습니다.

그들은 천사에게서 하나님의 찬란하면서도 강력한 임재를 느꼈습니다.

그리고 천사는 그들의 두려움을 없애 줍니다.

그들에게 큰 기쁨의 소식을 전합니다.

천사들은 기쁨의 전달자입니다.

그들은 우리의 지루한 일상에 기쁨을 줍니다.

그 기쁨은 우리 가까이 계시며 우리를 치유하시는 하나님 안에 있는 진정한 근원입니다.

힘 있는 소식을 전하는 천사 옆에서 "수많은 천군이 그 천사와 함께 하나님을 찬송"(누가복음 2:13)했습니다.

천사들은 하늘과 땅을 서로 연결합니다.

그들은 우리를 하늘의 영광으로부터 가로막는 이 땅의 경계를 무너뜨립니다.

천사들은 하늘에서 예배합니다.

그들은 모든 시간 하나님을 찬양합니다.

우리가 예배할 때에도 우리를 위하여 하늘이 열리고, 우리도 하늘에서의 예배에 참여합니다.

예술은 하나님을 온 마음으로 노래하며 다양한 악기를 연주하는 아기 천사의 무리로, 하늘의 천사와 하늘 군대를 표현합니다.

성탄절 천사를 그린 그림들은 편안함, 기쁨, 그리고 삶의 즐거운

호흡을 담고 있습니다.

이렇듯이 많은 예술 작품은 천사들에 대한 아주 중요한 측면을 표현했습니다.

그들은 우리에게 하늘을 열어 주고 세상의 짐을 덜어 줍니다.

그들은 우리가 자유로운 존재라는 것을 느끼게 합니다.

그들은 우리에게 삶의 즐거움을 전해 줍니다.

우리가 하나님 앞에 서서 하나님을 찬양할 수 있다는, 어린아이 같은 기쁨을 전해 줍니다.

그들은 우리 존재가 하나님을 통해 치유되고 밝아질 것이라고 전합니다.

천사들이 전하는 소식

예수님이 베들레헴에서 태어났을 때, 천사들은 평화의 소식을 전했습니다.

이 평화는 단순히 내적인 평화가 아니라, 아들의 성육신을 통해 이 땅에 내려온 하나님의 영광에 뿌리를 둔 평화입니다.

그리스도가 자신의 탄생을 통해 우리에게 준 평화는 내적인 싸움을 멈추는 것만 의미하지 않습니다.

그보다 훨씬 더 넓게 그분과 관계있는 모든 것 안에서 모든 인간의 치유를 의미합니다.

모든 사람이 하나님의 완전한 사랑을 받고 있기 때문에 자기 자신과 완전히 평화할 수 있다는 의미입니다.

사람은 하나님이 아기로 탄생하신 이 사건을 통해 자기 자신과 조화를 이룰 수 있습니다.

그때 사람은 플라톤이 보았던 것처럼, 더이상 하나님의 뿌리에서 단절된 상태인 소외된 존재가 아니라는 것을 압니다.

하나님이 사람이 되셨으니, 사람은 아무 조건 없이 자신을 긍정할 수 있게 되고, 자신에게 있는 하나님의 존엄성을 발견하게 됩니다.

그리고 이런 자기 이해는 하나님이 만드신 창조물과의 평화, 그리고 다른 사람들과의 평화를 이루게 합니다.

그들은 더이상 우리의 적이 아닙니다.

만약 그들이 우리를 적으로 대할지라도, 우리는 소망합니다.

우리가 우리 마음속에서 경험한 것과 동일한 평화가 그들에게도 있기를 말입니다.

땅 위의 평화

성탄절에 우리는 땅 위에 평화가 있기를 기원합니다.
이 기원은 그저 덕담에 그치지 않고, 성탄 전례의 중심 주제로 등장하지요.
우리가 12월 24일에 드리는 성탄 저녁예배는 <평화의 왕:Rex pacificus>이라는 교창(교대로 부르는 노래, 안티폰)으로 시작합니다.
목자들이 서 있는 들판에서 천사들은 성탄 찬양으로 하나님을 높입니다.

> "지극히 높은 곳에서는 하나님께 영광이요 땅에서는 하나님이 기뻐하신 사람들 중에 평화로다 하니라"(누가복음 2:14).

예수의 탄생으로 하늘에 계신 하나님의 빛과 광채가 이 땅에서도 보이게 됩니다.

하나님의 영광이 사람에게 비치면, 하나님과 사람의 거리가 사라지고 평화만 있게 됩니다.

그리고 이 평화로 인해 사람들 사이에도 평화가 있게 되고요.

자기 자신과 하나님으로부터 멀어진 사람은 평화를 얻을 수 없습니다.

자기 자신에게 만족하고 하나님과 평화를 누리는 사람은 형제자매와도 평화로워집니다.

성탄의 평화는 단지 우리가 서로 화해해야 한다는 선한 의지에 호소하는 메시지가 아닙니다.

하나님의 성육신은 보다 진정한 의미의 평화를 가능하게 합니다.

하나님의 사랑이 우리 인간의 본성에 스며들 때 우리는 깨닫게 됩니다.

우리의 어떤 것도 하나님의 사랑과 정결함에서 제외되지 않는다는 것을 말이지요.

우리 안의 모든 것은 하나님께 받아들여지고, 그분의 뜨거운 사랑으로 채워집니다.

바로 구유에 누인 아기 안에 담긴 사랑 말입니다.

그것을 믿는다면, 우리는 다른 자신을 경험하게 될 것입니다.

성탄절이라고 해서 인위적으로 평화를 이루려는 행동을 하지 않아도 괜찮습니다.

성탄이 우리 안에 평화와 화해를 전해 주기 때문입니다.

너의 어두운 밤에도
내가 너와 함께 있어

마태는 여러 성경 구절을 인용하여 예수의 탄생 이야기를 해석했습니다.

이것은 우리가 삶을 대하는 방법에 좋은 지침을 줍니다.

우리는 우리에게 일어나는 일을 이해하지 못할 때가 있습니다.

깜깜하기만 한 일이 있습니다.

우리는 삶에 대해, 그리고 하나님에 대해 여러 기대를 하고 살아가지만, 현실은 우리의 기대와 반대일 때가 많습니다.

그래서 우리는 성경을 읽어야 하고, 그 말씀 안에서 우리 삶을 향한 의미를 발견해야 합니다.

성경 말씀을 이해한다는 것은 자신의 삶을 더 잘 이해하는 것입니다.

예수 탄생에 대한 마태의 해석을 따라가 봅시다.

어떤 한 지점이 있습니다.

우리가 더이상 나아가지 못하며 고민과 번뇌에 빠져 있는 지점입니다.

그런데 하나님은 그곳에서 우리 이성으로는 찾을 수 없는 하나의 길을 보여 주십니다.

하나님은 우리 안에서 태어나, 그분이 처음 계획하신 대로 근본적이고 변치 않는 형상으로 우리와 만나게 하실 하나님의 아들을 약속하셨습니다.

우리는 우리 과거에 얽매이지 않습니다.

하나님이 우리에게 새로운 미래를 열어 주시기 때문입니다.

우리가 삶의 어딘가에 내던져져 출구를 찾지 못할 때에도 약속은 유효합니다.

하나님이 당신과 함께하십니다.

당신 삶의 어떠한 어려움 속에서도 하나님은 당신과 함께하십니다.

미래에 대한 커다란 불확실성 앞에서 아무것도 알지 못하는 바로 지금, 모든 것이 엉켜 혼란스러운 지금, 당신은 당신을 향한 하나님의 약속을 받아들일 수 있습니다.

"나는 너의 모든 어둠과 외로움, 너의 삶의 모든 단절과 절망과 거절 가운데서도 너와 함께 걸을 것이다.

나는 네가 너 스스로를 참아줄 수 없어 더이상 네 자신과 함께할 수 없을 때에라도 너와 함께할 것이다.

내가 너의 어두운 밤에도 너와 함께 있어 너의 밤이 거룩한 밤, 성탄절이 되게 할 것이다."

4부 새로움이라는 기적

고요 속에서 탄생하다

성탄절을 지키는 저만의 방법이 있습니다.

수도원 공동체와 함께 축제를 가진 후, 홀로 세 시간 동안 묵상을 하고, 성탄 오라토리오의 일부를 들으며 고요함으로 들어가 귀를 기울이는 시간을 갖습니다.

오직 제 안의 고요 속에서만 하나님이 태어나실 수 있기 때문입니다.

성탄절 이후 두 번째 주일에 우리는 예배 입례송으로 이렇게 노래합니다.

> "깊은 침묵이 온 우주를 감싸고 밤이 한가운데에 이르렀을 때, 오 주님, 당신의 전능한 말씀이 하늘에서, 하늘의 왕좌에서 내려왔습니다"
> (지혜서 18:14-15).

마음이 고요해질 때, 그때 하나님은 그 마음에 내려오십니다.

하나님은 침묵의 가장 깊은 곳에서 태어나십니다.

비록 침묵을 통해 하나님이 나에게 오시도록 강요할 수는 없지만, 그럼에도 침묵은 내 안에 하나님을 받아들일 수 있는 전제 조건입니다.

침묵 속에서, 우리는 자신의 깊은 곳까지 내려갈 수 있습니다.

그 깊은 곳을 향해 내려가는 동안 저는 제 자신의 어두운 밤, 두려움과 외로움의 밤을 통과하게 됩니다.

그곳에서 저는 나의 왕좌, 곧 내 삶을 조종하고 통제하는 안락한 지위를 떠나게 됩니다.

그렇게 저는 제 영혼의 바닥까지 내려갑니다.

바로 그곳에 도달할 때에야 비로소 하나님이 내 안에서 태어나실 수 있습니다.

표면의 소음이 닿지 않는 내 마음의 깊은 곳에서야 비로소 하나님이 사람이 되십니다.

마음속에서 태어나시는 하나님

신비주의자들은 우리 자신을 향한 길로서 거듭된 출생, 즉 거듭남에 대해서도 이야기하지만, 인간의 영혼 안에서 태어나시는 하나님에 대해서도 이야기합니다.

성탄절에 우리는 예수의 나심을 통해 우리 마음속의 하나님 나심을 축하합니다.

하나님이 우리 안에서 나시지 않는다면, 우리는 우리 자신에게 소외된 채로 남게 됩니다.

안겔루스 질레지우스는 그것을 이렇게 표현했습니다.

> "그리스도가 베들레헴에서 천 번 태어난다 하더라도, 그가 당신 안에서 나신 적이 없다면, 당신은 영원히 아무것도 아닌 채로 남을 것입니다."

또한 마이스터 에크하르트*는 하나님의 태어나심에 대해 이렇게 말했습니다.

> "하나님의 탄생은 영혼의 가장 깊은 존재, 이성의 작은 불꽃 속에서 일어납니다.
> 그런 곳이야말로 영혼이 제공할 수 있는 가장 순수하고 고귀하며 섬세한 장소일 테니까요.
> 그 어떤 외부 세계의 생명체나 형상에서 철저하게 분리된 깊은 침묵 속 말입니다."

세상의 소음으로부터, 그리고 끊임없이 우리를 압도하는 많은 생각과 감정으로부터 영향을 받지 않는 순수한 침묵의 공간에서, 그렇게 하나님은 우리 안에서 태어나십니다.
그때 우리 삶은 진정으로 새로워지고 치유되며 밝아질 것입니다.

---

* 마이스터 에크하르트(1260-1328)의 원래 이름은 요하네스 에크하르트로, 중세 기독교 신학자였는데도 불구하고 독일어로 설교를 하며 인기를 끌었다. 신비주의자로 불리며 교황으로부터 이단으로 정죄받기도 했으나 현대에 다시 각광받는 사상가로 알려져 있다.

탄생의 축제

.

우리는 성탄절에 신성한 아기의 탄생뿐 아니라 우리 자신의 탄생도 축하합니다.

아기의 탄생은 오래전부터 사람들에게 신비로 여겨졌습니다.

독일어 단어 'Geburt'(출생)는 'gebären'에서 유래했는데, 이는 '운반하다, 드러나게 하다, 세상으로 옮기다'라는 의미에 더하여 '참다, 견디다'라는 뜻도 가지고 있습니다.

하나 더, 출생과 연관된 단어로 'Bahre'(관 받침)과 'Bürde'(무거운 짐)이 있습니다.

이 단어들은 이미 출생과 죽음이 서로 연결되어 있고, 서로에게 속해 있음을 말해 줍니다.

우리는 죽기 위해 태어났습니다.

그리고 죽음은 동시에 새롭게 태어난다는 것을 의미합니다.

오래전 예수 탄생을 다룬 작품에서 마리아는 항상 고통스런 모습으로 표현되었습니다.

그러나 14세기 이후 많은 신자가 마리아가 다른 여성들처럼 고통 속에서 예수를 낳았다고 상상하지 않게 되었습니다.

『Meditationes Vitae Christi : 그리스도의 생애에 대한 묵상』의 저자인 한 프란체스코 수도사는 마리아가 하나의 기둥에 기대어 출산을 했고, 아이는 고통 없이 엄마의 자궁에서 나왔다고 기술했습니다.

성 비르기타*도 이와 비슷한 환상을 보았습니다.

이것은 사람들이 그리스도의 탄생처럼 우리도 고통 없이 출산할 수 있기를 바라며, 하나님이 친히 고통스런 해산의 과정을 바꿔 주시기를 바라는 희망을 담았다고 이해할 수 있습니다.

---

* 성 비르기타(1303-1373)는 스웨덴에서 태어났다. 피투성이의 예수님 환상을 본 후, 예수 그리스도의 수난에 대해 아파하며 금욕생활을 했다고 한다. 수도원의 엄격한 생활 중에 많은 환상을 보았던 신비주의자로 알려져 있다.

새롭고 연약한 생명

우리의 탄생 과정에는 외로움, 낯섦, 밤, 고통이 있습니다.

우리 안의 새로운 것이 창조될 때는 가장 먼저 아픔이 따릅니다.

우리는 지금까지 살던 방식대로 살고 싶어 합니다.

우리는 새로운 것을 몸 안에 그대로 눌러 두고 싶어 하기도 합니다.

우리는 임신을 하듯, 무언가 새로운 일이 시작될 것이라는 걸 느끼지만 동시에 그로부터 생기는 두려움도 있습니다.

그 새로운 일이 인정받지 못할 수도 있고, 여관에서 방을 얻지 못했던 신성한 아기의 운명처럼 될 수도 있기 때문입니다.

우리는 그 새로운 것이란 어떤 것인지 잘 모릅니다.

단지 옛것이 더이상 지속될 수 없다는 것을 느낄 뿐입니다.

그러나 탄생에는 우리 안에 있는 모든 것이 새로워질 거라는 약속이 있습니다.

이것이 성탄절의 약속입니다.

새로운 삶이 우리 안에서 시작됩니다.

태어날 때는 매우 연약합니다.

하지만 구유 안의 어린 아기가 그랬던 것처럼 우리 안에서 강력한 힘이 될 것입니다.

새로움이라는 기적

∴

탄생의 이미지가 의미하는 바는 우리가 모든 것을 다 감당해야 하는 것이 아니라, 하나님이 친히 우리 안에서 새 일을 이루신다는 것입니다.

성경은 우리에게 말해 줍니다.

우리가 항상 새롭게 태어나야 한다는 것을요.

우리 삶의 모든 시간에 고통과 기쁨의 탄생 과정을 경험하며, 마침내 죽음으로써 영원히 하나님 안에서 태어날 때까지 말이지요.

우리는 예수께서 니고데모에게 하신 말씀을 기억합니다.

> "사람이 거듭나지 아니하면 하나님의 나라를 볼 수 없느니라"(요한복음 3:3).

새로운 탄생 없이는 하나님께 부름 받은 사람이 될 수 없습니다.
우리는 새로운 탄생 없이 하나님의 나라를 볼 수 없고, 하나님과 하나가 될 수 없으며, 진정한 자아를 찾을 수 없습니다.

하나님의 나라는 우리가 인간의 권력으로부터 완전히 자유하며, 진정한 자아를 찾도록 하나님이 우리 안에서 다스리시는 것을 의미합니다.

우리의 영적 여정에는 항상 새로운 탄생이 필요합니다.

이를 통해 낡은 기준이 무너지고, 순수하고 근원적인 하나님의 형상이 우리 안에서 더욱 또렷하게 드러납니다.

태어나던 순간의 우리는 다른 사람들이 우리에게 가지는 이미지와 기대에 영향을 받지 않았습니다.

그러니 새롭게 태어난 우리는 여전히 하나님이 우리 안에 계획하신 순수하고 근원적인 모습 그대로입니다.

우리는 여전히 미래를 스스로 그려 나갈 자유가 있습니다.

우리 삶은 우리 앞에 놓여 있습니다.

그 길은 아직 걸어 보지 않은 길입니다.

그것은 마치 새하얀 눈이 내려 하얗게 덮인 풍경과 같습니다.

우리에게는 우리만의 발자국을 남길 수 있는 자유가 있습니다.

하나님이 어린아이로 오시다

·

성탄절은 하나님이 어른으로서 우리에게 오신 것이 아니라, 여성의 자궁에서 약하고 무기력한 아이로 태어났다는 것을 말해줍니다.

아이는 엄마와 아빠의 도움을 필요로 하고, 사랑과 관심을 받으면서 천천히 자랍니다.

아이에게 다가갈 때는 큰 소리를 내지 않아야 합니다.

조용한 사람만이 아이의 본질과 신비에 가까워집니다.

그러므로 당신은 하나님에 대해서 큰 소리로 말할 수 없습니다.

어린아이에게 하듯이 부드럽고 조용하게 말해야 합니다.

아이에게는 똑똑한 말이 아니라 마음에서 우러나오는 말을 해야 합니다.

그러니 당신이 하나님을 만나기 위해서는 마음을 열어야 합니다.

어린아이들은 놀라움에 반응합니다.

그들은 새로움에 열려 있습니다.

그들은 사랑이 무엇인지 스스로 탐구하며 배우기를 원합니다.

그들은 다른 사람들에게 의존하기에만 그치지도 않습니다.

아이들은 놀이를 하는 동안 자신을 잊은 채 참여합니다.

아이들은 온 마음을 다해 기뻐하기도 합니다.

아이들은 어떤 제약이나 기대에 방해 받지 않고 완전히 몰입할 수 있습니다.

그들은 다른 의도나 선입견 없이 열린 마음으로 사람들에게 다가갑니다.

그들은 자신의 감정을 신뢰합니다.

그들은 자신의 마음에 느껴지는 대로 행동합니다.

성탄절은 우리가 다시 어린아이처럼 되기를 초대합니다.

기쁨의 새 출발

가끔 우리의 꿈속에 어린아이가 등장합니다.

꿈이 가지는 상징성을 생각해 보면, 아이의 등장은 항상 우리 안에서 무언가 새로운 것이 자라고 있다는 것을 의미합니다.

이것은 하나님이 만드신 순수하고 본래적인 우리의 모습입니다.

우리는 때때로 다친 아이를 가슴에 품고 있거나 아이를 떨어뜨리는 꿈을 꾸기도 합니다.

아이를 잃어버리고 어디엔가 혼자 두기도 합니다.

이런 꿈은 우리의 아이들을 더 세심하게 돌보고 생각하라는 경고이기도 합니다.

우리는 우리가 본래 하나님이 만드신 존재임을 막연하게나마 알고 있지만, 여전히 옛 생활과 관습에 빠져 살아갑니다.

그 과정에서 우리는 우리 안에 있는 아이에게 상처를 입힙니다.

꿈속의 아이는 새로운 시작을 상징합니다.

성탄이 주는 기쁨의 핵심이 바로 여기에 있습니다.

성탄절에 하나님은 새롭게 시작하십니다.

우리 삶의 역사, 과거의 상처, 우리 스스로를 해치는 습관들, 그리고 산산조각 난 우리 인생의 꿈, 이런 것에 매여 있을 필요가 없습니다.

우리는 충만한 삶을 살고자 했던 예전 꿈을 다시 꿀 수 있습니다.

우리는 다시 새롭게 시작할 수 있습니다.

과거는 더이상 하나님이 우리 안에 있는 것을 변화시키고 새롭게 하시려는 일을 막을 수 없습니다.

교황 레오는 한 성탄절 설교에서 이렇게 말했습니다.

"나는 오늘 새롭게 시작할 수 있습니다.

왜냐하면 하나님께서 내 안에 어린아이로 태어나셨기 때문입니다."

새로운 시작에 늦은 일은 없습니다.

성탄절은 우리에게 과거의 짐을 털어 버리고, 기쁘고 자신 있게 새로운 시작을 할 수 있도록 용기를 줍니다.

내면의 아이

∴

오늘날 심리학은 우리 각자에게 있는 내면의 아이에 대해 말합니다.

누구나 어린 시절에 상처를 받거나 무조건적인 사랑에 대한 기대가 무너져 혼란을 겪은 적이 있을 것입니다.

우리는 어른으로서 상처 받은 아이와 만나 보살피고 상처를 싸매기 위한 책임을 다해야 합니다.

하지만 그렇다고 상처 받은 아이에게만 머물러서는 안 되고, 오히려 그 내면의 아이가 우리 안에 있는 신성한 아이에게 우리를 인도해 주도록 해야 합니다.

신성한 아이란, 참된 자아를 상징합니다.

신성한 아이는 우리에게 옳은 것이 무엇인지를 정확하게 알고 있습니다.

심지어 우리가 어린 시절 낯선 사람들에 둘러싸여 있을 때, 사랑 받지 못하고 오해 받는 상황에 처했을 때에도 신성한 아이는 상처

입지 않을 장소가 어디인지 안내해 주었습니다.

성탄절은 우리 안의 신성한 아이를 기억하게 합니다.

그 아이는 낯설고 차가운 세상 속에서도 우리 자신만의 고유성과 독창성을 지켜 줍니다.

그 아이는 나를 통해서만 표현될 수 있는 신성한 무언가가 있다고 믿습니다.

당신의 마음 깊은 곳에 신성한 아이를 품고 있다는 것이 성탄절의 메시지입니다.

당신이 마음의 소리를 듣는다면, 당신은 당신을 위해 무엇이 좋은지, 무엇이 당신에게 맞는지, 그리고 다른 사람들이 당신에게 말했기 때문에 받아들였던 것은 무엇인지 정확하게 느낄 수 있습니다.

만약 당신 안에 있는 신성한 아이와 만난다면, 당신의 삶은 진실해질 것이고 아이들이 가진 특징인 세상에 대한 편안함을 어느 정도 얻게 될 것입니다.

비록 상처받은 아이의 모습을 지닌 당신일지라도, 오늘 당신을 생명과 참된 행복으로 인도하는 길인 신성한 아이를 신뢰할 수 있습니다.

이것이 구유에 누인 아이, 인간의 삶 속으로 찾아오신 하나님의 기쁜 소식입니다.

사람이 되시다

우리는 성탄절에 하나님이 사람이 되신 일을 축하합니다.

교부들은 하나님이 우리와 함께하기 위해 성육신하셨다는 것을 항상 강조했습니다.

교황 레오는 성탄절 설교에서 이렇게 말했습니다.

> "그리스도인이여, 당신의 존엄함을 깨달으십시오!
> 여러분은 신성한 본성에 참여하게 되었습니다.
> 이전의 비참함으로 돌아가지 말고, 인간이 만든 존엄함 아래에서 살지 마십시오!"

이 말씀은 우리가 신성한 존엄성을 지닌 존재에 걸맞게 살아야 한다고 도전합니다.

또한 하나님은 우리가 신이 되려는 마음을 버리게 하려고 사람이 되셨습니다.

그래서 우리는 우리 인간성과 자신은 땅에 속한 존재라는 사실을 받아들일 용기를 얻습니다.

우리는 흙으로부터 왔습니다.

자신이 땅에 속한 존재임을 인정하고 땅과 더불어 화해하는 사람, 땅으로 내려온 사람만이 하늘로 올라갈 수 있습니다.

내면으로 가는 길

∴

아우구스티누스에게 성육신으로의 길은 아래로 내려가는 것을 넘어 내면으로 들어가는 것입니다.

그에게 내면으로의 길은 내적 성찰을 통한 자기 인식의 길입니다.

그러나 아우구스티누스는 성육신의 길을 위해 "너 자신을 알라"는 자기 성찰에 더해 "너 자신을 사랑하라"고 요구합니다.

아는 것과 사랑하는 것은 서로 밀접하게 연결되어 있습니다.

우리가 자신을 사랑하지 않으면 자기 자신을 알 수 없으며, 오직 사랑만이 우리 자신 안에 더 깊이 들어가 우리가 진짜 누구인지 깨닫게 합니다.

자기 자신을 사랑한다는 것은 자기 자신에게만 머물러 있는 것과 다릅니다.

이것은 자신을 사랑하고, 자신을 사랑스럽게 대하고, 존재하는 그대로의 자신과 화해하라는 구유에 있는 아이의 초대입니다.

자기 자신을 받아들이고 사랑하기 위해서는, 우리 마음 안에 여전히 어린아이의 따뜻한 유머와 미소가 필요합니다.

자기 자신에 대해 너무 심각하게 생각하는 사람은 자신을 과하게 표현하며 매우 중요한 인물인 척하거나, 혹은 자신을 경멸하며 실제보다 초라하게 만듭니다.

자기 자신을 사랑한다는 것은 있는 그대로의 자신을 사랑하고, 하나님께서 의도하시는 그 모습으로 나아간다는 것을 의미합니다.

새로운 일이 일어나다

성탄에 숨겨진 메시지를 일상에서도 묵상하고 경청할 때, 우리는 보잘것없는 구유에 누인 아기를 신뢰하라는 격려의 메시지를 듣게 됩니다.

당신은 가치 있고 유일무이하다는 내면의 소리, 자기 자신과 안위만을 위해 사는 것에 만족해서는 안 된다는 내면의 소리를 신뢰하십시오.

당신 안에 새로운 일이 일어나게 될 것입니다.

꿈이 보여 주는 직관, 고요함 중에 떠오르는 온유한 충동은 당신을 진정한 인간다움으로 안내합니다.

당신의 자아로 모든 것을 통제하려고 한다면 진정한 인간이 될 수 없습니다.

신성한 아기를 위해 당신 안에 공간을 내어 주고, 하나님이 당신 안에서 하기 원하시는 새로운 일에 항상 안전한 공간을 내어 줄 때에야 비로소 당신은 진정한 인간이 됩니다.

그때 당신 안에 메시아가 태어나셔서 당신을 자유인이 되게 하시고, 왕 같은 존재가 되게 하시며, 진정한 자신이 되게 하시고, 하나님이 당신 안에서 빚고자 하시는 유일하고 고유한 형상이 되게 하실 것입니다.

새로운 것은 이미 여기에

⁖

사람들은 새로운 것, 순전한 것, 때 묻지 않은 것에 매료되기 마련입니다.

새로운 시작을 한다는 것은 내면에 이미 새로운 것이 있다는 뜻입니다.

우리 안에는 모든 순간 우리를 새롭게 하고, 우리 안에 새로운 것을 불러일으키는 하나님의 영이 있습니다.

고요 속에서 내면의 소리를 들을 때, 내 안에서 어떤 새로운 가능성이 생겨나는 것을 느낍니다.

새로운 아이디어가 떠오르고, 새로운 것을 시도해 보려는 용기가 생겨나며, 새로운 행동 방식을 실천해 보게 됩니다.

모든 것을 새롭게 할 필요는 없지만, 이미 자신 안에 있는 새로운 것을 신뢰해야 합니다.

하나님이 내 안에 새로움을 창조하시고, 그것이 성장하여 형태를 갖추어 가는 모든 순간에 우리는 신뢰를 잃지 않도록 주의해야 합니다.

새로운 시작의 두 번째 의미는 '시작하다'라는 뜻을 가진 두 개의 단어 'anfangen'과 'beginnen'을 분명하게 살펴보면 알 수 있습니다.

'anfangen'은 '꽉 잡다, 손을 대다, 손으로 잡다'라는 뜻에서 유래했습니다.

성탄절은 우리에게 이렇게 말합니다.

당신이 새롭게 시작하길 원한다면, 자신의 삶을 자신의 손으로 붙잡아야 한다고요.

당신이 받아 온 교육, 당신의 성향이나 운명에 의해 이미 다 결정되었다고 불평하는 대신, 당신의 삶에 책임을 지고 당신의 손으로 붙잡아야 합니다.

당신은 언제라도 다시 시작할 수 있습니다.

다만 당신의 삶을 있는 그대로 받아들이고, 두 손으로 붙잡으며 개척해 가야 합니다.

'beginnen'은 '땅을 경작하다'라는 어원을 가지고 있습니다.

시작은 힘이 듭니다.

당신의 삶은 엉겅퀴와 돌로 가득하고, 나무와 잡초로 덮인 혼란스럽고 불친절한 땅과 같기 때문입니다.

당신이 그 땅을 경작하려고 한다면, 먼저 당신의 땅을 측량해야 하겠지요.

성탄절이 지나면 곧 새로운 해가 시작됩니다.

성탄절의 비밀을 통해 당신의 삶에 새로운 빛이 비칠 수 있습니다.

삶의 모든 땅을 한 해 만에 다 경작할 수는 없습니다.

그러니 올해에는 당신 삶의 어느 부분을 경작하고 싶은지 결정하십시오.

아마도 당신이 사람들과 맺어 온 관계, 당신의 직업, 또는 생활 방식 등을 선택할 수 있겠지요.

그런 다음 당신의 땅에서 새로운 것이 자라고 열매가 맺힐 수 있도록 잡초를 뽑아내십시오.

하나님이 당신의 땅에 새로운 씨앗을 뿌리실 것입니다.

당신이 할 일은 땅을 경작하는 일뿐입니다.

그 땅에서 씨앗이 싹을 틔울 것이고, 새로운 것, 상상하지 못한 것, 기대하지 않았던 것, 놀라운 것이 당신 안에서 꽃 피게 될 것입니다.

마법처럼 삶을 바꾸는 사랑

•

로마 시대에도 새해가 되면 관료와 유명 인사들에게 축복의 인사를 건네는 것이 관례였습니다.
오늘날에도 서로에게 이렇게 인사합니다.
"즐겁고 복된 성탄절 되시길!"
"새해에 하나님의 축복이 있기를!"
좋은 일이 있기를 서로에게 소망하는 것이지요.

독일어 'wünschen'(소원하다)의 유래는 전쟁 용어 또는 식량 수급과 관련해서 찾을 수 있습니다.
곧, '이리저리 돌아다니다, 목적지 없이 배회하다, 무언가를 찾다' 또는 '노력하다, 성취하다, 승리하다'라는 뜻을 가지고 있습니다.
우리는 삶에 필요한 무언가를 찾기 위해 이리저리 돌아다닙니다.
그러다가 삶의 성취를 맛보고는 더욱 성공하기 위해 노력합니다.
모든 소원에 이런 의미가 담겨 있습니다.

'wünschen'은 '사랑하다, 좋아하다'라는 단어와도 연관이 있습니다.
게르만어로 '친구'를 뜻하는 'wini'는 'wünschen'과 같은 어원을 가지고 있습니다.
그렇기 때문에 다른 사람을 위해 무언가를 소원하는 것은 우정, 애정, 그리고 사랑의 표현입니다.

성탄절과 새해의 시작에 스스로에게 물어봅시다.
내가 진짜 원하는 것은 무엇인가?
내게는 무엇이 필요한가?
나는 무엇을 위해 노력하고 있고, 무엇을 얻기를 원하는가?
이렇게 우리의 소원을 나열하다 보면, 우리는 하나님이 우리에게 삶을 선물로 주셨음을 깨닫고 감사하게 됩니다.
소원한다는 것 자체가, 우리에게 이미 자기 자신과 세상을 새롭게 창조할 수 있는 가능성이 있다는 것을 전제하고 있기 때문입니다.
그리고 동시에 이 세상과 우리 삶이 우리가 생각하는 것만큼 그렇게 나쁘지만은 않다는 것도 느끼게 됩니다.

만약 누군가가 마음에 소원을 품는다면, 그 소원 안에는 이미 다른 사람의 삶을 마법처럼 바꿀 수 있는 사랑이 들어 있습니다.

역자 후기

안셀름 그륀의 책을 펴면 가장 먼저 느끼게 되는 단어가 '따뜻하다'입니다. 실제 온도로 말할 때는 '덥지 않을 정도로 온도가 알맞게 높다'라는 뜻이고, 마음을 나타낼 때는 '감정, 태도, 분위기 따위가 정답고 포근하다'라는 뜻이지요. 추위를 많이 타는 제게는 따뜻하다는 말이 그렇게 편안할 수가 없습니다. 게다가 마음마저 따뜻해진다는 것은 더할 나위 없이 좋은 일이겠지요. 이 책을 읽다 보면 답답했던 가슴 한편에 꽃이 피기도 하고, 그 위로 아름다운 음악이 흐르기도 합니다. 앞만 보고 세상을 쫓아가던 분주함에서 돌이켜 지난날을 돌아보기도 하고, 멍하니 멈추어 오래 생각할 시간을 갖게 되기도 합니다. 딱딱하게 굳었던 마음이 몽글몽글하게 풀리기도 합니다. 이렇게 따뜻한 이야기를 겨울이 막 시작되는 대림절에 읽을 수 있다면 참 행복하겠다는 생각이 들었습니다.

한 언어를 다른 한 언어로 바꾼다는 것은 종합 예술에 가깝다는 생각을 했습니다. 글쓴이의 나라를 알아야 하고, 그 문화와 사회를 이해해야 할 뿐 아니라 번역되어 읽힐 나라의 문화와 정서에 맞게 소개되어야 하기 때문입니다. 흔히 독일어는 구조적이며 학문적인 언어라고 말합니다. 그러므로 독일어로 쓰인 글이 따뜻하다는 것은 글 안에 매우 깊은 영성과 사랑이 담겨 있다는 뜻입니다. 하지만 아무리 뛰어난 글이라도 읽힐 나라에 맞는 적절한 글로 표현되지 못하면 가치 없는 글이 되고 맙니다. 어떤 부분에서는 저자의 글에 충실했고, 어떤 부분에서는 저자의 마음에 충실했습니다. 또 어떤 글은 우리말에 어울리도록 윤색을 더하기도 했습니다. 그렇게 저자의 글이 잘 전해지도록 마음을 담았습니다.

글을 쓸 때 모든 문장은 저자의 것이지만 세상에 나온 책은 독자를 위해 존재한다고 하죠. 좋은 책을 소개한다는 것은 즐거움입니다. 책을 한 장 한 장 넘기는 동안 저자가 세상을 보는 따뜻함, 분주함을 내려놓은 느릿한 걸음, 그리고 깊은 영성이 느껴지면 좋겠습니다. 무엇보다 예수님을 기다리는 기쁨이 커졌으면 좋겠습니다. 안셀름 그륀의 글은 예수님을 기다리는 시간에 의미를 더하고 따뜻함을 더해 줄 것입니다. 당신을 위해 눈이 내리는 날, 소복이 쌓인 눈을 밟는 설렘처럼 예수님을 기다렸으면 좋겠습니다.

안셀름 그륀의 크리스마스 에세이
당신에게 은총이 내리는 동안

초판발행 2024년 11월 20일
지 은 이 **안셀름 그륀**
옮 긴 이 **김만종**
펴 낸 이 **강성훈**
발 행 처 **르비빔**
주 소 03128 / 서울시 종로구 대학로3길 29, 신관 4층(연지동, 총회창립100주년기념관)
편 집 국 (02) 741-4381 / 팩스 741-7886
영 업 국 (031) 944-4340 / 팩스 944-2623
홈페이지 www.pckbook.co.kr
인스타그램 the.soul_after.the.rain
등 록 No. 1-84(1951. 8. 3.)

책임편집 **정현선**
편집 **오원택 김효진 박신애**　　　　　　　　디자인 **남충우 남소현**
표지디자인 **남소현**　　　　　　　　　　　　마케팅 **박준기 이용성 성영훈 이현지**
경영지원 **박호애 서영현**

ISBN 978 - 89 - 398 - 8503 - 5
값 **16,700원**

르비빔Rebibim 은 한국장로교출판사의 출판 브랜드입니다.

ⓒ 안셀름 그륀, 르비빔 2024
이 출판물은 저작권법에 의해 보호를 받는 저작물이므로 무단전재와 무단복제를 할 수 없습니다.